科学育儿

爱孩子，
你爱对了吗

沈振宇 ◎主编

黑龙江科学技术出版社
HEILONGJIANG SCIENCE AND TECHNOLOGY PRESS

图书在版编目（CIP）数据

爱孩子，你爱对了吗 / 沈振宇主编. -- 哈尔滨：
黑龙江科学技术出版社，2018.4
（科学育儿）
ISBN 978-7-5388-9531-5

Ⅰ. ①爱… Ⅱ. ①沈… Ⅲ. ①家庭教育 Ⅳ. ①G78

中国版本图书馆CIP数据核字(2018)第022084号

爱孩子，你爱对了吗
AI HAIZI，NI AI DUI LE MA

主　　编	沈振宇
责任编辑	回　博
摄影摄像	深圳市金版文化发展股份有限公司
策划编辑	深圳市金版文化发展股份有限公司
封面设计	深圳市金版文化发展股份有限公司
出　　版	黑龙江科学技术出版社
	地址：哈尔滨市南岗区公安街70-2号　邮编：150007
	电话：（0451）53642106　传真：（0451）53642143
	网址：www.lkcbs.cn
发　　行	全国新华书店
印　　刷	深圳市雅佳图印刷有限公司
开　　本	685 mm×920 mm　1/16
印　　张	13
字　　数	200千字
版　　次	2018年4月第1版
印　　次	2018年4月第1次印刷
书　　号	ISBN 978-7-5388-9531-5
定　　价	39.80元

许鼓

母婴护理专家、超级奶爸
育婴蜜语网（www.yymy.cn)创始人

给孩子正确的爱

我们做父母的都希望自己的孩子优秀，甚至超越一般人。我也曾经像很多父母一样，希望自己的孩子做"人中龙凤"。经过深度思考，后来我发现，我这是把强加在孩子身上的期望当成了爱。这种有条件的爱，其实是自私的表现。

而对孩子过高的期望，往往会导致失望。我们对孩子产生失望，就会对教育子女这件事情灰心丧气。这些家长的心理误区，需要不断地求索和纠正。

这本书按照一个孩子从诞生到18岁长大成人的生命历程来编写，给予家长一些最基本的观念、守则和建议。虽然有些观念您可能已经从一些教育专家那里听说过，但是所谓知易行难。要知道，世界上最遥远的距离，就是"知"与"行"之间的距离。

"给孩子正确的爱"，不是家长一朝一夕就可以做好的。

如今是个信息大爆炸的时代，各种育儿图书多到可以用"汗牛充栋"这个词来形容。况且，这又是一个碎片化阅读的时代，会有多少人愿意认认真真阅读完一本纸质图书？

　　"这个世界没有教不好的孩子，只有教不好的父母。"

　　可以说，本书就是一本家长的自我修炼书。我们需要以正确的爱来对待孩子，需要为了孩子而改变不完美的自己。

　　我衷心希望，当您读完了这本书后，内心会立即树立一些清晰的观念，再遇到有关孩子的各种问题时，您基本上已经知道该怎么做了。

　　如果是这样，我将感觉到无比的幸福！

目录
CONTENTS

第四章　12～18岁，成长的快乐与烦恼...121

第一章

聪明宝宝
怎样"炼成"

人的一生，就是在不同阶段成长的过程。概括起来，人生大概有8个阶段：婴幼期（0～3岁）、儿童期（3～6岁）、少年期（6～12岁）、青春期（12～18岁）、恋爱期、择偶期、中年期、老年期。每个阶段都有不同的侧重点。

那么，我们就从人生的第一个阶段开始谈起：0～3岁我们最需要关注什么？

一、0～3岁，孩子最佳的培养期

大脑发育的关键时期是0～3岁婴幼儿阶段。这个阶段奠定了今后智力、情感、运动、社会交往等各方面发展的基础。

婴儿出生时，脑重量是成人的25%。孩子1岁时脑重量是成人的60%，3岁时已接近成人的脑重量。2~3岁时，几乎每个幼儿都突破了语言和学习的关口。可以说，一个人的学习能力50%都是在生命的头3年发展起来的。

俗话说："一娘生九子，九子不一样。"同一个老师教的学生，有的金榜题名，有的则名落孙山。在生活中，我们常常会发现这样的现象，很多家长也疑惑，"同样是养，为什么同龄孩子之间会有如此大的差距呢？"

我们现在就一起来探讨孩子智力发展教育路径的第一步。

🍄 让智力超凡的秘密，你知道吗

一个精子和一个卵子结合形成胚胎。胎儿在妈妈肚子里长到5斤（1斤=500克，下同）、6斤、7斤……几乎没什么区别，主要是一条脑神经的连接。8个月左右是婴儿脑细胞连接最旺的时期，大脑在他还是胚胎时就开始发育了，胚胎发育约50天便可测出脑细胞的脑电波。孩子出生的时候，小小的脑袋里已经有大约1000亿个神经细胞，但这些脑细胞需要互相连接在一起，才能发挥它神奇的作用。

孩子出生后的每一次听、每一次看、每一次触摸，对大脑来说，都是非常宝贵的刺激。正是这一次次宝贵的"刺激"，通过视觉、听觉、味觉、嗅觉、触觉传递到大脑，让脑细胞做出反应，这时单个脑细胞就会互相产生连接，形成突触。每一次刺激会激活无数个脑细胞的突触连接——孩子通过这些刺激来积累感知事物、认知事物和区分事物的经验。这些经验极大地影响着孩子脑部复杂的神经网络结构，对孩子未来的智力高低起着关键作用。

科学研究结果显示，婴儿7~8个月的时候，将迎来脑细胞连接最旺盛的时期。这个时候的孩子开始学习爬，可以主动地去接触身边的事物。视觉、听觉、触觉方面的刺激机会也相应增多。刺激是激活脑细胞快速产生突触连接的前提条件，但是这个时期的脑细胞连接并不是固定的，往往有断裂的可能。

我们经常会有这样一种感觉：和一个小宝宝经过一段时间的相处，他会对你很熟悉，也会很喜欢你，要你抱；但是你一个礼拜没有跟他见面，再见到他时，他就不记得你了，看到

你像看到陌生人一样，这就是他脑海里对应你的特点的脑细胞连接断裂了。这跟我们长时间没有接触一些事物，关于这些事物的记忆就会变得模糊是一样的道理。

当歌德还是婴儿的时候，父亲就经常抱他出去散步、逛公园，有时还到郊外去野游。一路上，父亲遇到什么就给歌德讲什么，培养他的认知能力和观察能力，使歌德从幼年起，就知道了许多花、草、虫、鸟的自然知识。歌德长大成为著名诗人后，依然保持着对自然科学的兴趣。他曾发现古人类腭骨，并著有关于植物形态学和颜色学的论文。

所以说，婴儿脑细胞功能恰似一张白纸，要有外界足够的感官刺激，才会渐渐发达，刺激得越多，发育得也越快。一张新的图片、一个声音、一种味道，色、香、味等各种新的刺激，都会产生新的连接，这就是智力的形成过程。

🍄 0~3岁是大脑发育关键期

孩子3岁的时候，小脑发育基本成熟。此阶段是脑细胞神经元连接最强的时期，而且，这一时期的连接是永久性的，一经连接就是一辈子的事。因此，这段时间也被教育者称为"脑部发育黄金期"。美国心理学家海伦·菲利普斯在研究中说："令人惊讶的是，婴儿出生以后，其大脑功能几乎没有发生什么变化。额叶在婴儿半岁到1岁之间开始活跃起来，引起情感（依恋）、计划性、短期记忆和注意力等功能的发育。顶叶和额叶的各部分在婴儿1岁半左右联系更为紧密，自我意识就出现了。"

童年期的生活经历会影响孩子的精神状况，而父母忽视或过分严厉的教育有可能对孩子的大脑产生不良的影响。例如，一个人在童年时期遭到母亲遗弃或者重大创伤，今后对压力的精神反应就会受到影响，就有可能诱发抑郁症和焦虑症。

那么，应该怎样充分利用大脑在生命中这段娇弱但富有潜力的时期呢？对于父母来说，好消息是，有研究表明，让孩子备感呵护的环境与一对一的玩耍时间（比如玩捉迷藏游戏、搭积木、唱儿歌、玩拼装玩具），完全可以帮助孩子提高智商，培养其毕生对学习的兴趣。

有人说，欣赏奥地利著名作曲家莫扎特的音乐能够拓宽人的空间感，增强学习能力和老鼠走迷宫的能力。这种"莫扎特效应"催生了无数产前和童年学习项目，但是批评它的科学家与支持它的人一样多。这与在童年学习演奏乐器是两回事，后者可以对大脑产生长期影响。有人认为，演奏乐器能够提高人的空间、数学和推理能力。

二、 0～3岁孩子成长特点

俗话说，"小树修剪好自然长，小孩调教好自成才。"那么0～3岁的孩子有什么样的特点呢？好动、好奇、易生病、模仿、重复是这个阶段的特征。

🍄 好奇心旺盛

柏拉图曾说："好奇者，知识之门。"相信有小宝宝的父母都会碰到下面的事情：下过雨之后，宝宝最开心的时刻就是在路上偶遇一个小水洼，马上兴奋地奔过去踩得不亦乐乎，甚至还要用手去摸一摸，感受一下；看见小猫小狗，宝宝也一定用手去摸摸。我记得自己的孩子2岁时看见鱼缸里的小金鱼，一定要让我拿出来，还要亲亲它的嘴巴。

其实，孩子的问题增多，表示孩子的好奇心已经开启。他的每一个问题、每一个动作都是对这个世界强烈的求知欲的表现。这为他脑细胞的连接提供了更丰富的刺激。另外，孩子也可以通过自身的体验，更加牢固地保持对世界的记忆。孩子的成长就是随着这一层层记忆的累积发生的，他记忆的广度决定了他以后知识的宽度，他经验的多少决定了他以后处理问题能力的高低，他接收到的信息的质量好坏决定了他价值观的走向。

面对孩子千奇百怪的问题和稀奇古怪的行为，聪明的父母需做的是和孩子一起"捣乱"，比如想方设法让孩子了解多味花生和状元豆生产的全过程；带他到农民的花生地里收获一次，让他尝一尝带壳花生的味道；带他到炒货店里去参观，观察作料是什么时候加进花生里去的。同时，妈妈还要保留宝宝埋有"梦想种子"的"实验田"，看看宝宝最终会种出些什么。

这样的"捣乱"不仅可以保留孩子的好奇心，还可以开发孩子的创造力，帮助孩子将好奇心更进一步，转换成一种独特的创造潜能和初步的"研究能力"。同时，父母还可以引导孩子在不知不觉中加入"收拾残局"的行列里来，从反面告诉

孩子尝试的代价。这样，宝宝了解了尝试的结局后，就不会一而再，再而三地去"制造麻烦"，他会尽可能细致地去观察，争取一次得出结论。

我曾看到这样一个场景：在商场里，妈妈带着一个2岁多的孩子。这个年龄段的孩子都很调皮，喜欢到处乱跑。妈妈就吓唬他："别乱跑！你再跑，警察就把你抓走。"

妈妈关心孩子，担心孩子，这是正常的反应，但如果说"警察来抓你了"，这就是在吓唬孩子、误导孩子，是一种非爱式的语言。

我妹妹的孩子铭心1岁半的时候，经常来我家。我发现他是个非常好动、好奇的孩子，就连家里的楼梯他也喜欢上上下下地走十几遍。关于走楼梯，很多家长通常会说："烦死了，走这个有什么意思！"这也是一种非爱式的语言。

有一次，我在美国看到这样一个场景：一个高大威猛的爸爸，带着1岁多的女儿

在购物广场外的喷泉边玩耍。小女孩看到很多孩子都往喷泉里冲，自己也想去，但每次走到喷泉边上，都吓得退缩回来。这时，这位爸爸没有把孩子拉走，而是带着小女孩一起钻进了喷泉里面。这个举动真的很动人。

他是一位聪明和有爱的父亲，知道带着孩子一起去"捣乱"和探险的意义。

🍄 活泼好动

0~3岁的孩子无时不动。美国心理学家奥陆多额尔对这一阶段的婴幼儿作了这样的叙述：从人类学的观点来看，接近2周岁的幼儿，身体虽然还处于比较原始的阶段，脚短头大，走路时脚步不太稳，躯体稍有前倾，很像机器人，但手脚都在到处动，只要是醒着就不停地要求做游戏，而且喜欢到处乱跑和四处捣乱。

孩子到了1岁半时，他的小脚跑到哪儿，小手就翻到哪儿，就好像这是他的"寻宝之旅"。趁你不注意的时候，他就会打开抽屉，一件一件地把东西拿出来，结果是满地狼藉。我们司空见惯的东西，在孩子的眼里就成了神奇的东西。即使是一张白纸，孩子们也会乐此不疲地玩很久。

🍄 爱模仿

孩子出生几个月后，模仿能力就开始萌芽并发展了，这标志着他和周围的人有了一种关联，正是这种关联沟通了宝宝的自我世界和外面的世界。他们是天生的模仿者，能从各种情境中不断吸收、记忆所有听到的声音、看到的影像以及触摸到的东西，并依次进行模仿。开始时，他们只是无意识地模仿，从中体味着声音及影像的意义，了解自己所不了解的东西，因笑而笑，因哭而哭；随着经验的增多，大脑中渐渐地组成有意义的概念，并开始以自己的意识进行判断。孩子长到一两岁时，就能模仿大人的发音、姿态、手势了。

模仿是孩子对自己身体行为的一种确认，就好像他可以停在某一系列的动作中，然后将此动作重复出来，最终形成自己的能力。比如，有些孩子模仿摔倒、再摔倒，每一次摔倒都带着巨大的喜悦。父母不明白孩子为什么重复这样"毫无意义"的举动，就会制止孩子。这个制止的过程恰恰破坏了儿童敏感期感知能力的正

常发育，从而妨碍了儿童智能的发展。智能发展受到阻碍必然会伴随相应的心理问题出现，这都是成人后大脑平庸的一个早期现象。

模仿也是孩子的一种独特的学习能力。我们可以把孩子的这种特性好好利用起来，作为一种教育手段。有些家长为了培养孩子良好的生活习惯，在日常生活中很注意严格要求自己，时间一长，孩子会很自然地养成良好的习惯，这就是父母以身作则的作用。但是，模仿毕竟有好有坏，家长好的习惯被模仿，坏的习惯也会被模仿。3岁之内的孩子，有些动作绝对不能模仿，比如开火做饭、开微波炉、用打火机、插电源等。同时还要提醒家长，一定要把药品、清洁用品以及剪刀等危险品放在宝宝够不到的地方。

🍄 重复地做同一个游戏或同一件事

孩子很喜欢重复做一件事情，比如，重复听一个故事，重复听一首儿歌，十天半个月也不厌烦。如果是我们成人，看过一遍的故事，基本上就不会想再看一遍，这就是儿童与成人的不同。

蒙特梭利说："反复练习是儿童的智力体操。"儿童在反反复复听的故事里，首先吸收到的是逻辑，然后是情景，最后才是准确的概念。

孩子的感觉训练也是如此。比如，他今天摸了这个盒子，他会反复不断地摸了又摸。这时如果你告诉他"这是一个小盒子"，这个概念就和孩子大脑里的感觉配对上了。你再让他摸盒子，他感觉到的就是一个具体的概念了。

当孩子对他周围的世界不断地反复触摸、感知后，他会对他所感知的东西进行组织、分类、归纳，然后产生一个新的概念。孩子一旦掌握了某种概念，他还会把这个概念普遍化，并把所有的概念联系起来。比如，孩子今天有了"盒子"这个概念，过几天有了"方形"这个概念，他就会自主地把这两个概念联系起来，组成一个新的概念——盒子是方形的。我们都知道，孩子刚开始只会叫"爸爸""妈妈"，但他慢慢地掌握了很多概念并将这些概念主动联系起来之后，他就会说出一长串一长串的句子了。

🍄 最容易生病

　　婴儿在出生后的8个月里，有从母体里带来的免疫力。这个时期的孩子大多很健康，不生病。但是8个月后，婴儿就要靠自身重新建立自己的免疫系统，来保护身体的健康了。那么这个时期外界的环境就会明显影响到孩子的健康，孩子此时需要足够的营养和卫生的条件来保障他的健康成长。家长大多会给予孩子大量的食物进行补充，忽略了他们的消化功能还没有完全建立起来这个关键因素。所以我提醒家长给孩子多餐少食，及时补充适量的维生素和营养均衡的易吸收的营养品。我曾经走访过很多大城市的儿童医院，看到非常多的这个时期的孩子住院打吊瓶，他们基本上是由于感冒和呼吸道感染的问题来医院治疗的。其实滥用药物远大于疾病对孩子健康的影响。温馨提示各位家长，不要轻易给你的孩子用抗生素类药物，这样做会对孩子的身体及孩子的大脑发育有非常不利的影响。

TIPS

如何在饮食中给大脑提供更多的"成长能量"

　　脑科学研究表明：0~3岁是大脑发育的关键时期，婴儿大脑发育未成熟，可塑性较大。此期，宝宝的脑重量和头围都快速发展。大脑重量可从出生时的370克，增至1岁时的900克。头围可从出生时的34厘米增至1岁时的46厘米。

　　大脑发育所需营养素包括：

　　A. 蛋白质：优质蛋白质，特别是必需氨基酸。

　　B. 脂肪：不饱和脂肪酸、亚油酸、亚麻酸。

　　C. 碳水化合物：葡萄糖。

　　D. 铁：贫血时脑细胞数量会减少20%~30%，智力降低10%~15%，宝宝会出现吸收利用障碍、夜惊或睡眠不安、生长激素分泌减少等症状。

　　E. 锌：参与70余种酶的活动，会影响食欲。

　　F. 维生素：维生素A、B族维生素、维生素C、维生素D、维生素E、维生素K等。

　　G. 其他矿物质元素。

🍄 孩子的智商一直处在波动之中

相信很多父母都听说过智商测试，甚至连2～8个月的婴儿都有所谓的可以预测他们成年后智商水平的测试。一些私立幼儿园和私立小学，经常要求申请入学的孩子接受它们的智商测试。"韦氏儿童智力表"（WISC-Ⅳ）就是一种被广泛使用的智商测试工具。只有孩子通过了这个测试，它们才会接受孩子的入学申请。

但是否全部回答正确就意味着你的孩子比其他孩子更聪明呢？答案是不一定。要知道，智商测试评估的只是孩子回答这些问题的能力。智力的种类非常多，只根据一个分数就对孩子的智力水平下定论显然是不客观的。

我们人的智力，50%遗传自父母，我们称之为天性；另外50%则是环境决定的，也就是后天教养的结果。这说明：无论孩子怎么努力，其智力发育是有限的，但并不意味着我们家长做什么都无法改变。因为孩子的成长环境，特别是父母的教育，将会深刻地影响孩子智力的各个方面。

有研究结果显示，人的智商一直在波动，而且极容易受到环境的影响。当我们抑郁、衰老，或者生活在不同的文化环境中时，智商都会发生变化。而孩子的智商更容易受到家庭环境的影响，所以一个家庭中长大的同胞兄弟姐妹，智商的相似程度会增加。另外，家庭的经济状况也会影响孩子的智商，如果家庭收入低于某个特定标准，这种经济状况也会对孩子的智商产生极大的负面影响。但在中产阶级家庭
中，这种负面影响又会小很多。出生在贫穷家庭的孩子，如果被中产阶级家庭收养，其智商平均会增加12～18分。

🍄 智力更像是一锅食材丰富的炖肉

父母都很想知道自己的孩子是否聪明，并且想让他们变得更聪明。但很多父母实际上是希望自己的孩子成绩优异，这样他们的未来才更有保障。聪明和学习成绩有关系吗？当然有，但这两者之间的关系，并没有大家想象的那么密切。

世界著名教育心理学家、哈佛大学的心理学教授霍华德·加德纳认为："智力是多方面的，有多个组成部分，并且无论如何都无法用某种单一的笔试测量工具对其进行全面描述。"这就是著名的"多元智能理论"。他因此被誉为"多元智能理论"之父。

霍华德·加德纳的理论，用通俗一点的比喻来说，就是人的智力更像是一锅食材丰富的炖肉，而不是表格中一串简单的数字。至于炖肉如何才能更美味，两个关键点就是——肉的品质和调料的配置。同样地，人的智力也有两大基本要素——晶体智力和流体智力。

晶体智力就是记录信息的能力，它能使脑内的各种记忆系统合力创造出结构丰富的数据库；流体智力则是让数据库内的信息适用于特定环境的能力，它需要我们进行即兴发挥，既要回忆数据库里的信息，又要对其进行重组以适应新形势。

但和炖肉一样，人类的智慧大餐中还有许多其他原料，它们是探索欲、自我控制能力、创造力、语言沟通能力和非语言沟通能力。这些能力被称为"智力的五大重要能力"，是传统的智商测试根本测不出来的。这些能力同样具有遗传性，但孩子能否充分发挥自己的智力潜能，很大程度上会受到后天教养的影响。

在这五大能力中，探索欲就是孩子的好奇心。这一点我在前文中已经有详细的叙说。

🍄 自我控制能力是执行功能的一部分。执行功能包括了与计划、预测、问题解决和目标设定等相关的行为。这些活动需要调动大脑的许多功能，其中包括被称为"工作记忆"的短期记忆。研究人员发现，孩子的执行功能是其智力的重要组成部分。与智商相比，自控能力更影响孩子的学习成绩。因为执行能力的高低取决于孩子是否能够过滤掉各种干扰。在这个充满了感官诱惑的世界，这种能力显得尤为重要。

🍄 创造力是发现新旧事物之间的联系和创造新事物的能力。我们人类的创新活动涉及很多认知功能，其中包括情节记忆和自传式记忆系统。这些系统能够让你记住曾经发生的各种事情，为个人经历提供一个时空参照。富于创造力的人，能够将看似不相关的事物联系起来并加以创新。

🍄 语言沟通能力在人类的智力中占有重要的地位，就连智商测试中也包括与语言沟通能力相关的问题。对于初为人母、人父的人来说，宝宝开口说第一个字是最开心的事情之一。当宝宝说出第一个词语之后，他的语言能力便开始飞速发展；到1岁半的时候，大多数孩子可以说出50个词语，理解100多个词汇；当孩子3岁时，这一数字将是1000；到6岁时，他们已经掌握了6000个词语。除了词汇之外，孩子还要学习语音和词语表达的社会含义。

🍄 非语言沟通能力指的是使用肢体语言、面部表情和眼神交流等非语言的方式进行沟通的能力。其中，肢体语言姿势和话语所涉及的大脑区域是相似的。有关婴儿的研究证明：在手指的精细控制能力提高之前，孩子们无法掌握复杂的词汇。学习肢体语言（如手语），还能够提高孩子的注意力、空间想象力、记忆力和视觉辨别力。

🍄 开放性活动：玩耍万岁

有一次，我去一个新认识的朋友家拜访，她是一个一岁9个月孩子的妈妈。跟很多家长一样，她喜欢给孩子买所谓的电子益智玩具。我到她家的时候，正好有新玩具送到家。孩子看到新玩具，当然是格外开心，但比起崭新的玩具，孩子更感兴趣的好像是装玩具的圆柱体盒子。孩子很快就把新玩具丢到一边，兴奋地把包装盒放倒在地板上，手脚并用地让它在地板上滚来滚去，边滚边乐得哈哈大笑。

我在边上，也为孩子感到很高兴——这是一个很有创造力的宝宝，孩子在自己创造的开放性游戏里，获得了比玩益智玩具更多的乐趣，孩子的大脑发育也会因此而得益。

现代社会竞争激烈，许多家长对孩子的未来有些担心，以至于对孩子发展的每一步都进行了严格的计划，以至于非常害怕开放性的活动。有数据表明，从1981年到1997年，孩子们自由活动的时间减少了大约25%。而旨在开发儿童智力的电子产品却如雨后春笋般大量涌现，形成了庞大的市场。这些玩具，往往是设定好程式的，缺乏开放性。对于刚来到人世不久的婴儿来说，这类玩具不仅用处不大，对大脑发育的破坏性还不小。

要知道，对于孩子的神经发育来说，开放性活动和蛋白质一样重要。

研究结果显示，开放性活动对儿童的智力发育具有极大的益处。经常进行开放性活动的孩子，更有创造力，对于特定物体能够想出更多非常规的使用方法。他们的语言能力更强，说话更加流畅，词汇量更大，而且使用的词语种类更多。他们更善于解决问题，而问题解决能力，属于流体智力的范畴。他们更善于排解压力，记忆力更好，也更善于社交。

不过，并不是所有开放性活动都有好处。毕竟孩子经验有限，他们还没有充分掌握释放自己潜能的要领，依然需要父母的引导。

三、家长守则

父母在孩子成长中的角色是无法替代的，这是自然进化的最好成果之一，就是种群除了通过性别结合传递基因外，也要成为下一代成长的老师和抚育者。

如何在孩子的0~3岁关键时期做好"关键先生"和"关键女士"，这是每个家长必须首先考虑好的大事。

🍄 第一，父母要多花时间和精力给予孩子真切的爱和关注。我们要营造父母相爱、互相关心的家庭氛围。

🍄 第二，父母要敏锐和耐心地对待孩子的身体和情绪反应，给孩子一个安全温馨的家庭环境。这个时段，孩子迫切需要与父母和其他亲人建立情绪连接和正确的依恋关系。

🍄 第三，父母要有意识地给予孩子接触、感知世界和周边环境的机会，例如与孩子一起玩游戏，一起聊天和一起阅读等。

四、 如何开发0～3岁幼儿智力

每个做父母的都希望自己的孩子能聪明点，再聪明点，开发儿童智力成了现在80后父母最流行做的事，那么怎样开发0~3岁孩子的智力呢？

第一，父母要用温和和欣赏的目光与孩子对视。心理科学研究表明，温和的目光可以使父母与婴幼儿建立美好的信任关系，并且会让孩子建立自信，获得安全感，因为这种正向和愉悦的感觉会刺激大脑细胞进行更多、更积极的连接。与孩子进行非言语的交流，例如注视、转移等眼神交流，可以使孩子学会理解和阅读他人发出的重要社会信号。这些均有利于"社会脑"和"情绪脑"的塑造与开发。

TIPS

大脑是如何快速发育的

正常的大脑发育，在3岁以前最快。出生时脑重量为370克；此后第一年内脑重增长速度最快，6个月时为出生时的2倍，占成人脑重的近50%；而儿童要到10岁体重才能达到成人的50%。

可见婴儿大脑发育大大超过了身体发育的速度。第一年年末时，婴儿脑重接近成人脑重的60%，到第二年年末时，幼儿脑重约为出生时的3倍，约占成人脑重的75%；到3岁时，幼儿脑重已接近成人的脑重，以后发育速度变慢。

人的大脑由大约1000亿个神经细胞（神经元）组成。脑的神经细胞粗略看起来像一棵小树，神经细胞有树突、轴突，如同树枝和树根，髓鞘好比树皮。

婴儿出生时大部分神经细胞就像一棵裸体的小树。在出生后2年内，神经细胞迅速发育，"根深叶茂"，每个神经细胞都与大约1万个其他神经细胞相连，每个神经细胞每秒钟能向相邻的细胞发送11个信息。由此可见，大脑神经细胞之间的信息交流次数是较难计算的。

第二，父母要给予孩子更多的触摸，包括温柔的抚触、主动的拥抱等。这些简单的动作不仅传递了父母对孩子深深的爱，还有助于孩子建立健全的五官感觉，从而刺激和开发孩子的大脑感觉动作区和辅助动作区，使其正常发育。健全的感觉发育更有利于语言和交流技能、社会和情绪技能的发展。

第三，父母设计和参与动手活动和游戏，是加强孩子手眼协调能力，增加脑部神经元连接的很好手段，例如搭积木、拼图游戏等。这里提一个注意事项，父母协助孩子去做，记住是"协助"，而不是按照我们自己的模式教给孩子去做一切。我们只要扮演好观众、鼓励者和参与者就可以了。

儿童的智力和性格的形成，从出生到3岁，就已经完成了50%。在这3年里，孩子具有天才般的吸收能力，你教他什么，他就会什么。很多父母可能觉得孩子太小，什么都不懂，教了也白教，从而忽视了这个阶段的教育。但是0~3岁是决定孩子智力高低的关键时期，父母若忽略了孩子这个阶段的教育，就等于丢掉了开启孩子智力的金钥匙。

🍄 认知能力的培养

🍄 思维能力的培养

小儿的思维活动是以周围的实物和具体的活动为基础的。因此，在促进婴幼儿思维能力发展的诸因素中，最重要的就是给小儿创造一个有利于动手动脑的环境。

🍄 记忆力的培养

小儿的记忆是由感觉器官获得的信息积累而成的。有了记忆，孩子才能呈现出日新月异的进步。

🍄 观察能力的培养

观察是一种有目的的感觉和知觉活动，是发展智力的主要途径。儿童观察事物是通过各个感觉器官来进行的，因此，培养儿童的观察能力，应从发展视觉、听觉、嗅觉、触觉等感觉能力入手，从他们感兴趣的、注意到的事物开始，有意识地引导他们去观察事物。

有个妈妈每天都会找一些完整的句子，在自己说到一半多的时候，就让孩子去填空，例如，"今天的天气很好，晴空"，这里她会停下，孩子就会接上"晴空万里"；"我们今晚看的动画片"，这时候孩子就会接上"好玩刺激"。

🍄 精细化动作能力的培养

这不仅仅是体质的训练，也会促进大脑不同区域的发育，可以培养行走的能力和稳定性，以促进运动的协调性和躯体的平衡能力等。

🍄 回归母语教育，打好语言底子

0~3岁是一个人语言能力的爆发期。母语是孩子在0~3岁这段时间主要学习的语言，它会在孩子的脑子里占据一个"黄金摊位"。让它深深植入孩子的灵魂，孩子一辈子都不会忘记。

父母们有时会突然发现，蹒跚学步的孩子在2岁之前对语言的把握很不扎实，但2岁之后突然某一天就可以极容易地掌握各种非常复杂的表达技巧了。这种神奇的转变既令父母感到惊奇，也让父母欣喜不已。

美国心理学教授鲍勃·麦克默里认为，孩子学习说话的过程大多是父母注意不到的，正是在这些不被觉察的学习过程中日积月累，才产生了令父母惊异的必然结果。通常来说，孩子到了2岁的时候就会表达比较复杂的句子了，甚至会使用不同时态和语态的动词或者连词，而且还会使用长句和分句了。在这个年龄段，孩子从无意识的状态过渡到有意识的状态，而且已经建立了他所在的生存群体和特定社会阶段所特有的心理结构和语言表达机制。

科学家认为，3岁是人类心理发展的一个分水岭，也是孩子学习语言的关键期。为了提高孩子的语言能力，父母应多跟孩子说话，多读书给孩子听。

🍄 首先，要给孩子示范清晰的语音语调。父母是否发现孩子的发音有时很含糊？其实，除了年幼发声器官尚未发育完全、使用唇齿舌辅助发音不熟练等原因外，还有一个不能忽略的因素——孩子在模仿你说话，而你并未给他提供足够清晰明确的示范。父母指导孩子进行词语、短句的表达时，语速一定要慢，发音部位不妨做得夸张一点，让孩子看清楚。3~4岁是孩子发音机制开始定型的阶段，若此时不加以重视，错过了最佳的纠正时间，以后就难以纠正了。所以，家长应该在孩子刚刚学习说话时，给孩子示范正确的发音。

🍄 其次，要指导孩子用丰富的语言进行表达和交流。很多时候，孩子由于情绪激动，一时心急，就紧张得只会用一些简单的语言表达情感和需求。比如，孩子看到家长带回来许多好吃的东西，常会兴奋地大声说："妈妈，我吃!"这个时候，家长不妨使用一些问答技巧，帮助孩子更好地了解和表达自己的感受，促使孩子用诸如"妈妈给我买了这么多好东西""我很喜欢吃""我很高兴"等回答来表达他的内心情感，与他人形成良好的沟通交流。即使孩子一时说不出来也没有关系，家长不妨先试着逐句进行引导和示范，这样，当孩子下次再遇到这种提问时就能独自应对了。

🍄 再次，学习语言要注意认识过程的科学化。有的孩子会背很多首唐诗，有的孩子认识了许多字……但父母问起孩子这些诗表达了什么内容、这些字是什么意思时，宝贝的脸上却充满了迷惘。原因在于，孩子早期背诵诗词和生字时，只进行了机械识记，知识并没有被理解，不能形成网络贮存于大脑中。这也是有些孩子的早期语言学习没有给学龄后的课堂知识学习带来帮助的原因之一。因此，父母在教授孩子一些诗词或生字时，不妨选择带有彩图的儿童书籍，边讲边与内容进行对照；在教授童谣歌曲时，则可以与动作、感情和实物等相配合，把机械识记转化为意义识记，使记忆效果更深刻、更长久。

孩子的语言学习有一定的规律性，父母必须认真对待，不能操之过急、揠苗助长，否则只会阻碍孩子的学习。只有真正给孩子一个良性的语言示范和使用环境，才能使他顺利渡过学龄前的语言学习关。

五、 扩展阅读

> 宝宝总是喜欢和妈妈在一起，而当妈妈离开时，他们的反应也不尽相同，在这件极其平常的事情中，其实是宝宝不同依恋类型的体现。

🍄 如何与宝宝建立安全型依恋

把握建立"依恋"的机会。依恋关系的建立开始于婴儿6周至8个月,最佳形成期是8个月至1岁半。在这个时期,婴儿要与相对固定的抚养者保持经常性的交往、交流；否则,不断更换看护人,与成人交往机会少,则会使婴儿烦躁不安,时常哭闹,从而影响婴儿的情绪和情感的发展。

保证抚育质量。在依恋关系建立时期,抚育者要敏感关注婴儿发出的信息,及时作出反应,对孩子的照顾要亲切、体贴、周到；否则,忽视、冷漠甚至虐待婴儿,或是经常对婴儿喋喋不休地唠叨,都可能与孩子建立非安全型的依恋关系,这对孩子日后的心理发展会产生不利影响。

营造和谐的家庭环境。家庭成员之间和睦相处,家庭气氛和谐,家庭成员与孩子正常交往,婴儿就能在一个充满爱的幸福的环境中建立安全的依恋关系。否则,因各种原因造成家庭气氛紧张、家庭环境恶劣,都会不同程度地影响婴儿的情绪,进而影响依恋关系的质量。

给3岁孩子家长的一封信

亲爱的家长：

我们都想做最好的父母，但是，我们如何在这个阶段做得最好呢？在这个章节里，我们提出了很多亲子教育的建议，引用了一些专家的研究成果，也列举了一些案例，希望天下父母不忘初心，以爱和承诺对待自己柔弱和美丽的小天使。

请记住以下几个关键点：

第一，父母要给予孩子更多的关注和陪伴。良好的亲子家庭关系是孩子的一个"正能量场"。

第二，给予孩子尝试的机会。在保证安全的前提下，让孩子尽量体验"冒险的乐趣和刺激"。

第三，营养丰富的食物是大脑成长的必需品。不要纵容孩子挑食。

第四，抓住大脑高速发育期，给予孩子语言、认知、动作等能力的有意识训练和培养。

0～3岁是孩子来到世界后感受一切事物最新奇的时期，父母应尽量给予宝宝足够的"刺激"，这样可以让孩子的大脑产生很多奇妙的反应，促进宝宝智力的发展。

最后，让我们与这些柔弱的小生命一起幸福地成长吧。

第二章

3~6岁孩子的
教育重点

3~6岁是孩子最可爱也是最无厘头的阶段。他们对什么都好奇，又有很多争取个人独立的行动。"人小鬼大"是这个阶段典型的特征。

中国有句古话："三岁看大，七岁看老。"所以，我们如果想要一个德智兼备的孩子，应该牢牢抓住孩子3~6岁的这3年，因为3~6岁是养成教育最关键的时期。

一、3～6岁儿童心理发展的特征

3~6 岁这个年龄段是人一生中词汇量增长最快的时期，是语言表达能力发展的加速时期，是人的个性形成的关键时期。

🍄 采用图像的方法帮助记忆

此阶段的孩子可以完整地记住一个短小的故事或大人委托的一件小事。一记牢，就能保持较长的时间。孩子的记忆容易受成人的暗示，也很容易发生现实与臆想混淆的现象，如他们十分相信童话或传说中的人物和情节，自己也会编织一些向往的却又根本不存在的事情，家长不要误以为他们在撒谎。

🍄 思维没有定型，喜欢想象

此阶段的孩子学会了在行动之前就能进行思考，且思考超越了时空的限制，有了一定的目的性和预见性；具有丰富的想象力，这集中表现在游戏以及表演、绘画、讲故事等活动中。

🍄 情绪体验已相当丰富

他们的情绪是外显的、缺少控制的，常常极度高涨。他们有时会出现极度的恐惧，有时会莫名其妙地发脾气。

🍄 习惯越积越多，并稳固定型

孩子的个性、心理特征已初步形成，自我意识基本上是家长、同伴和教师平常对他们评价的翻版。一直受到周围人肯定的、积极评价的幼儿往往会产生一种满意感、自信感；而经常受到周围人否定的、消极评价的幼儿会产生一种自卑感、孤独感。

幼儿出现了最初的兴趣、爱好的个体差异，也出现了一定的能力上的差异，初步形成了对人、对事、对自己、对集体的一些比较稳定的态度，也出现了最初的比较明显的心理倾向，这表明幼儿开始形成最初的个性。在幼儿个性形成中起重要作用的是自我意识，特别是道德意识的发展。自我意识反映了儿童对自己在社会关系系统中的地位的理解，反映了儿童对自己实际行动的可能性的评价和对自己的内部生活的注意。自我意识使儿童个体逐渐形成独特的个性。

这一时期是儿童个性形成的关键时期，这一时期形成的个性特征和倾向性是一个人个性的核心。虽然个体以后也能对其中一些消极个性特征加以改造，但往往只能是量的变化，除非客观环境、儿童的亲身经历一次次出现极严重的转折，否则是很难改变的。正因为如此，父母要特别重视这一时期的教育。

二、家长守则

幼儿阶段是孩子品格和习惯逐渐形成的最佳时期。我国目前大多是独生子女家庭，因为孩子没有兄弟姐妹，所以教育方法和教育的理念都应该有所改变。

如果还是用老方法一定是事倍功半，而不是事半功倍。此时父母没有把孩子培养好，终有一天会把培育教养的机会留给社会和生活，到时除了后悔，好像别无他法。爱孩子是父母的天性，宠爱、溺爱会导致错爱，爱中有规矩，有教化才是对孩子最大、最好的爱。如何正确地爱孩子，是一门需要父母好好学习的课程。

🍄 教育孩子要抓住时机，顺势而为

凡事都要讲时机，教育子女的时机也是很重要的。大多数时候，孩子错误的行为和语言，需要家长立即提醒和修正，让孩子及时认识和改正。但有些时候，我们还应该注意给孩子留点面子，不要当着很多人的面直接教训孩子，对大一点的孩子尤其如此；可以当场点到为止，事后再跟孩子细谈，严重时可以对他使用必要的惩罚措施。

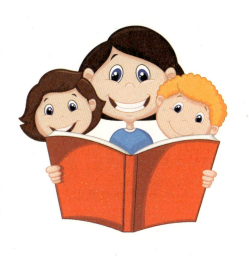

一次我们组织活动，其中一个环节是请大家说一说一生中最难忘的一件事。有个16岁的男孩说了这样一个故事：10岁时候，我经常偷拿爸爸的钱，然后买东西给我的那帮"兄弟"吃，一直觉得很爽。但是好景不长，最终还是被爸爸发现了。我清楚地记得正当我带着同学在超市买完东西，准备大快朵颐时，一只大手拍在我的肩膀上。我回头一看，立刻魂飞魄散，原来老爸早就跟着我们了。这时小伙伴们都惊呆了，老爸的表情就像侦探一样，严肃、警觉而又异常平静。他看我惊慌失措的样子，示意让我跟他走。一路上我忐忑不安，我想这将是一场狂风暴雨！回到家后，爸爸问："这件事情做得对吗？"我低着头小声说："错了。"爸爸声音提高了八度："该不该打？"我立刻泪崩，哆嗦着说："该打。"爸爸又厉声责问："打几下？"我弱弱地答道："打三下。"他就伸出大手不轻不重，噼里啪啦打了三下，转身就走了。这件事给我留下了很深的印象，是我一生中最难忘的一件事。首先他保留了我的面子，没有让我在朋友面前丢了尊严；第二点，他处理得公平又守信用。在这件事情上，他不仅教育了我，也惩罚了我，我觉得爸爸特别伟大。

因此，在管教孩子的时候，父母不但要考虑自己的感受，还要换位思考，照顾孩子的感受和情绪。否则，父母的管教不仅达不到效果，反而可能导致不好的后果。

我朋友的孩子曹诺3岁多，活泼可爱，很好动。人虽小，但也有把家里搅得天翻地覆的本事。朋友觉得好动是孩子的天性，没有什么不好，从来没有约束过曹诺。

有一次，我和朋友两家人结伴坐火车出远门，这可难倒了他：有这么一个手脚停不住的小孩子，要是在火车上乱跑，出了意外怎么办呢？他很了解自己的儿子，跟他讲道理是行不通的。有什么办法可以

让曹诺一路上都乖乖的呢？曹爸爸想啊想啊，终于想出了法子。

他对儿子说："儿子，你知道咱家什么东西最贵重吗？"

曹诺摇摇头，扑闪着满是好奇的大眼睛望着爸爸："是什么？"

"看到爸爸手里拿着的这个包了没有？它装着我们家的传家宝，是我们家最珍贵的宝贝。爸爸今天要交给你一个任务，一个男子汉的任务，你敢不敢接？"

"敢！"小家伙声音洪亮，一脸跃跃欲试的样子。

"那你听好了，你在火车上什么都不用做，就专心帮爸爸守护好这个宝贝，能不能做到？"

"能！"小家伙毫不犹豫地回答，心想这任务多光荣啊。

一路上，曹诺果然没有吵也没有闹，老老实实地坐在座位上，尽职地执行着他"光荣的任务"。

🍄 千万不要过度地对孩子进行教育

针对幼儿阶段的孩子，教育的尺度一定要把握好，教育要适合孩子的身心发展特点。如果是孩子根本无法认知和理解的东西，家长就要适度宽容。这个时期，有些孩子会因为肢体功能发展等原因有点小毛病，家长应该"马虎一些"，能包容则包容，但是对于涉及原则的问题，就要认真对待。

🍄 与孩子共同制定规则

对于孩子来说，自由是成长的前提条件。但真正的自由，不是让孩子在没有任何限制的情况下无拘无束地自由成长。要知道，顺应孩子的天性，尊重孩子的选择，并不是彻底放弃规则。有规则的自由，才是真正的自由！

先尊重孩子，再商定规则

制定规则是成长教育的一个有益的方法和手段，它分为两种：一种是消极的，就是不应该做什么；一种是积极的，就是应该做什么。很多父母希望通过不应该做什么、应该做什么来教育孩子，当孩子做到或者做不到的时候，给孩子相应的奖励或惩罚。这样看起来很好很正确，但是，孩子的心智发育尚未成熟，他们凭什么能做到遵守这些大人制定的规则呢？

要知道，规则并不是要求孩子盲目地服从。很多规则，只要不涉及重大的原则性问题，家长和孩子共同商定完成，效果会更好。孩子一旦参与了规则的制定，一般会愿意遵守，有时甚至做得比规则要求的更好。因为他觉得这是自己本来应该做好的事情。比如看电视、玩游戏的时间，家长完全可以采用跟孩子商量的方式来制定，甚至可以让他主导制定；孩子感觉自己受到了尊重，自然会自动自发地去遵守，家长也会变得轻松和省心。

另外，规则的数量不是越多越好。制定什么样的规则，数量多少，需要根据不同发展阶段的要求、孩子的个性特点、家长的教育理念和教养方式来综合考虑。总的原则是，孩子越大，规矩越少，放权越多。纪伯伦说："每一个孩子只是因你而来，但是他不真正属于你，你可以给他无尽的爱，但不能强加给他思想。"

规则制定后怎么办

规则制定是很简单的，但严格执行却是有一定难度的。如果制定了规则但不去执行，还不如没有规则。一旦孩子违背了规则，孩子就要受到规则里说好的惩罚。如果因为特殊情况需要变通规则，家长一定要告诉孩子：这是特例，不是惯例。

在一个快乐的家庭中，规则能够自然运行。家庭生活是愉快的"给"与"取"，父母和孩子是同伴。所以规则制定以后，家长还要带头遵守，言传身教，给孩子树立榜样。如果家长忽略规则对自己的约束和要求，那么孩子一定会跟着大人有样学样，并逐渐觉得这些规则可有可无。

我的一个朋友，立了这样一个家规：每周六晚上要陪女儿练琴，不管是妈妈还是爸爸，必须有一个人陪同。有一次，妈妈出差了，而爸爸晚上要陪领导参加一个重要的应酬活动。爸爸很为难，孩子的外婆就说："让我陪妞妞吧。"爸爸后来还是决定跟公司老总请假，陪女儿去练琴。我就问他："一场练琴活动，干吗非得你去，外婆去又有什么关系？"爸爸回答说："其实，谁去陪着练琴都可以，我不是不放心孩子。只是，我们家庭的规矩就是一旦确定了，必须执行。"

让孩子懂得感恩

我国现在有很多独生子女家庭。父母、爷爷奶奶只有这一个宝贝，自然都对其悉心照顾，宠爱有加。孩子养尊处优，俨然是家里的"小皇帝"或"小公主"。因此，性情冷漠、责任感缺乏已成为当代孩子的普遍标签。家长要想改变孩子的这种状况，就应该让孩子在家庭中担任起一定的角色，自己的事情自己做好。每个人都对自己的事情负责，孩子的责任感自然就慢慢建立起来了。

有一次，在去广西旅游的途中，我认识了一个叫罗成的4岁小男孩，他令我印象特别深刻。除去和同龄人一样的天真可爱，他那超出同龄人的礼貌和懂事更令人惊讶。

在和罗成妈妈的交谈中，我了解到，罗成的爸爸工作很忙，罗成跟妈妈在一起的时间更多。罗成妈妈虽然和天下所有妈妈一样很疼罗成，不同的是，她绝不娇惯孩子，而且非常注重培养孩子的责任感。罗成3岁就开始帮妈妈拎包。在旅途中，他很自然、很努力地拎着妈妈的大包，活脱脱一副小绅士的模样。从小，妈妈就跟罗成说，妈妈是女士，罗成是跟爸爸一样强壮的男子汉，所以爸爸不在妈妈身边的时候，罗成要照顾妈妈。照顾妈妈便成了罗成的习惯。4岁的罗成，在妈妈长期严厉而又不失温情的教导下，长成了一个真正的"小男子汉"，独立，有担当。每次亲戚朋友聚会的时候，丢几个小孩子给他，他都能把这几个小孩子照顾得很好。他像一个小领袖。

不要以为孩子小就什么都做不了，其实他们蕴藏着很大的潜能。只要父母给予足够的信任和适当的引导，孩子可以爆发无穷的力量。比如，爸爸下班回来了，孩子可以帮爸爸拿鞋、倒水。让孩子做一些力所能及的事，一方面是肯定他存在的价值，另一方面是让他学会感恩，感谢父母的辛苦抚养。

在我国，有些家长一味地娇惯孩子，看见孩子拿双大人的鞋就会说："不用你拿，不用你拿，很重的，我自己来吧。"孩子小心翼翼地捧着水杯，还没走两步，妈妈就说："小心烫手，让我来，让我来。"此时，你什么都不让他做，等到他18岁了，你就别说："我的孩子这么大了，怎么一点家务都不会干？一点都不懂得照顾人？"他不会干家务，是因为你没有培养他干家务的能力；他不会照顾人，是因为你没有教会他养成照顾人的习惯。

没有人一生下来就什么都懂。我们做任何事情，都有一个从不会，经过学习到会的过程。父母都希望自己的孩子懂事、优秀，但需要父母给孩子提供学习的机会，他才会顺理成章地成为那样的人。

🍄 不要因为工作忽略了孩子

对于职场妈妈们来说，花在宝宝身上的时间较少，很容易造成和宝宝的疏远。所以职场女性下班回家后就要全身心地投入到妈妈的角色中，千万不能把工作上的情绪带回家。

我的朋友诺诺是一位两岁孩子的妈妈，她每天下班回到家的第一件事，就是和宝宝好好亲热一番。她通常在门口就会说："妈妈回来了，我的宝贝在哪里？"小家伙无论在做什么，都会"咚咚咚"地跑过来，先给妈妈拿拖鞋，等妈妈换好鞋子，立马扑到妈妈身上。诺诺抱起儿子，亲亲脸蛋，然后跟儿子请个"小假"去把手洗干净，边洗手边问儿子当天都做了什么。接下来，诺诺一边帮老人做饭，一边和儿子聊天，并指挥儿子帮点小忙，比如拿菜、搬个小凳子等。

吃完晚饭后，诺诺会带着儿子外出散步半小时左右。回家之后，如果小家伙还意犹未尽，诺诺就陪他玩玩具。如果儿子不想外出，诺诺就带着他玩、吹泡泡、看动画片、讲故事、一起洗澡……然后九点半左右陪儿子睡觉。尽管婆婆觉得诺诺白天要上班，晚上还带着孩子睡挺累人的，不时要给孩子盖被子，带孩子去厕所等等，但诺诺还是坚持和老公带着儿子睡觉。因为她一直记得我曾经对她说过的话："幼儿对父母的依赖是其他人不能替代的，身体的接触对于亲子关系特别重要，幼儿总是最亲近带他睡觉的人。"

🍄 出门上班不要瞒着宝宝

相信很多妈妈都有这样的经历：去上班时，小家伙紧紧抓着妈妈的衣角，泪眼婆娑甚至哇哇大哭，就是不让妈妈出门。撇下孩子去上班，对于妈妈们来说真是心如刀割。

我的另一位朋友小薇是这样做的：早上出门上班之前，她一定会抱抱孩子，亲亲孩子的小脸蛋，刮刮孩子的鼻子，或者挠挠孩子的背，通过亲密接触让孩子放松下来。然后她会对孩子说："宝贝，妈妈上班去了，奶奶做晚饭的时候妈妈就回来了。等妈妈回来后，我们继续玩昨天的游戏。来，亲一亲妈妈，跟妈妈说再见！"孩子很愉快地接受了妈妈要去上班的事实，当妈妈按时下班回来，更坚定了他对妈妈的信任。

建议妈妈们平时出门上班不要瞒着宝宝，并告知回家的时间。宝宝对妈妈建立起信任后，对于妈妈出门上班就不会那么抵触了。在出门之前，妈妈还可以通过亲密接触来安抚宝宝，或者通过"妈妈回来后，我们继续玩昨天的游戏"这样的承诺，让宝宝乖乖待在家，等妈妈下班回来。

幼儿园对孩子的教育，是家庭无法替代的

我们都知道，幼儿阶段是培养孩子习惯和人格的关键期，一旦错过就难以弥补。

在一所有着成百或上千人的幼儿园里，孩子能够接触到形形色色的同学和老师，能够接触到丰富多彩的环境和氛围。幼儿园就好比孩子的第一个小社会。这是无论家长怎么努力也无法给孩子的。如果我们总是把幼小的孩子与这个社会隔离，尽可能减少社会对他们的影响和伤害，当他们长大成人的时候，他们有可能不知道该如何面对这个真实的社会，甚至缺乏严重的心理承受能力。

我们小区有个小女孩，她是个文静的小姑娘，性格有点内向，还很娇气。平时有人对她说话声音大一点，她就眼泪哗哗地往下掉。她的妈妈非常担心孩子上幼儿园会不适应，甚至考虑过不让孩子上幼儿园。但孩子上幼儿园一段时间后，她惊喜地发现，孩子适应得很快，不仅很乐意去幼儿园，当家里来客人的时候，也愿意跟他们打招呼，有时候还会主动在客人面前表演在幼儿园学会的儿歌，也没那么爱哭了。现在孩子上幼儿园快半年了，生个小病妈妈要给她请假，她还不干，一定要去上学。因为在她眼里，幼儿园有很多小朋友，有关心爱护她的老师，还有各种各样有趣的游戏，比待在家里好玩多了。

现在的孩子，出生以后，家里几乎所有人都围着他转；到了幼儿园，处境截然不同，几十个孩子，一般只有两三个老师照顾。没有一个孩子能够享受特殊待遇，也没有一个老师只会围着一个孩子打转。这个过程，让孩子渐渐明白——这个世界并非如他想象的那样，没有一个人可以高高在上，更不会到处有人把他捧在手心里。而我们家长也要明白，我们不可能陪伴孩子一辈子，也不可能保护孩子一辈子。孩子总有一天会走向社会，融入社会，成为一个独立的人，不仅要面对很多困难和挫折，而且还必须通过自己的努力去克服困难，战胜挫折。

幼儿园是孩子第一次脱离父母的怀抱，进入一个具有社会性的团体中生活的地方。在这个小社会里，孩子可以学到人际交往能力和团队协作能力，还可以学到如何保护自己、如何过集体生活，为升入小学阶段做好准备。幼儿园生活还能培养孩子良好的社会性。通过和小朋友、老师相处，孩子逐渐对这个真实的社会和世界有了更多的了解和认识。

🍄 陪孩子迈好入园第一步

为了避免幼儿园生活对孩子产生负面影响，在孩子入园以前，家长要做的是谨慎选择幼儿园；等孩子入园后，家长首先要做的是自我调整和适应。

孩子上幼儿园，是自出生以后第一次长时间和亲人分离，一定会表现出恐惧和伤心，甚至会出现分离焦虑。所以在最初入园的那几天，孩子容易哭闹，尤其是在幼儿园与家长分别的时候。有些孩子反应会更加激烈一些，从准备出门就开始哭闹，甚至拒绝去幼儿园。因此，在孩子上幼儿园之前，我们家长应该提前对孩子进行一些引导，尽可能减少孩子的入园恐惧和焦虑。

这一点，我的一位朋友做得特别好。我认识她的时候，她还是一个两岁半孩子的妈妈。有一次，我们一起在公园玩，我的女儿和他们一家三口玩老鹰抓小鸡，他们玩得非常开心，我在边上也被他们的快乐感染了。中场休息的时候，小姑娘莎莎躺在爸爸腿上，突然问到："爸爸、妈妈、姐姐，你们可以每天陪我玩这个老鹰抓小鸡吗？"孩子的妈妈是这样回答的："爸爸妈妈和姐姐当然愿意和莎莎一起玩，可是，如果有很多小朋友一起跟你玩这个游戏，你会不会觉得更好玩呢？""真的吗？那我肯定会更开心的。"莎莎想了一想，笑着回答。"当然是真的，我们莎莎明年9月份就要上幼儿园啦，那里有好多好多小朋友，大家不但可以玩老鹰抓小鸡，还可以玩更多更好玩的游戏哦。那个时候，你就可以回家教爸爸妈妈玩新的游戏了。""那，妈妈，我现在就想去幼儿园，可以吗？"莎莎更开心了。

在那之后，朋友就经常带莎莎去小区幼儿园附近玩耍，让她看里面的哥哥、姐姐做操和玩游戏，还给莎莎买了关于幼儿园的绘本。这下子莎莎对幼儿园更感兴趣了，天天在家喊着要上幼儿园，还在家模仿在幼儿园外面看到的操和游戏。等到她上幼儿园的时候，她已经能主动地背上她的新书包，迫不及待要去看看这个神奇的地方了。

不过，就算是莎莎自己乐意上幼儿园，在幼儿园待了几天后，她还是表现出了不想去的意愿。我的朋友又开始想办法了。她是这样对莎莎说的："我们莎莎，昨天在幼儿园学了什么新游戏啊？今天，老师可能又有更新更好玩的游戏要教给小朋友哦，如果莎莎不去，就学不到了，好可惜呀。本来爸爸妈妈还想，等莎莎学会了新的游戏，回来教给我们呢。"这一席话，果然勾起了莎莎对于幼儿园的美好的记忆。她顿时说："妈妈，我要去幼儿园。等我今天学了新的游戏，回来教你和爸爸。"然后背着小书包，和妈妈高高兴兴地出门了。

我们家长除了要像我说的这位家长一样，多跟孩子聊幼儿园里发生的比较有趣的事情以帮助孩子减轻心理压力之外，还要多细心观察孩子；当发现孩子入园后有了进步，如孩子上厕所能自己穿脱裤子了，孩子能好好自己吃饭了，孩子会把自己的玩具整理齐了，要及时给予肯定和表扬。哪怕是一丁点的进步，都要让他知道，这样可以让孩子对于自己在幼儿园的表现产生成就感，进而增加自信心。

当然，孩子入园后，面临的问题肯定也是一大堆。当有问题出现的时候，家长首先要调整好自己的情绪，才能帮助孩子舒缓情绪。尤其是孩子初入园一般都会生病，家长不必过于担心，因为这是孩子的一次脱敏过程。只有当孩子经历了这些事情，他以后再面对新的环境，身心上才会更适应、更从容。在做好对孩子的引导和调整好自己的情绪后，我们会发现，孩子比想象的要成长得快很多，做得也好很多，他的适应能力其实远远超出我们的预料。一般只需要一个月，孩子就会适应幼儿园生活，融入幼儿园生活，不超过一个学期就会喜欢上幼儿园生活了。

🍄 全托不利于孩子的身心发育

聚会的时候，有朋友问我："我想把孩子送进全托幼儿园，你觉得好不好呢？"我还没回答她的问题呢，另外一个朋友接上话了："全托？那太可怕了。我小时候上的就是全托，那日子，现在想起来都还觉得是煎熬啊。"然后她就开始讲述她当年在全托幼儿园的经历。

根据这位朋友的回忆，全托幼儿园的小朋友周一、周二基本上是在伤心中度过的，因为舍不得离开爸爸妈妈；周三、周四是在煎熬中度过的，因为想家，想爸爸妈妈；周五、周六是在期待中度过的，因为爸爸妈妈会来接他们回家。爸爸妈妈出现的那一刻，是小朋友们最快乐的时候。

还有一个朋友说她小时候父母工作忙，又没有人能按时接送，不得已把她送到了全托幼儿园，还是全市最好的全托幼儿园。可是那里的老师再好，也比不上天天能见到爸爸妈妈。她还说，那个时候孩子们经常把晚上巡夜的老师想象成妖魔鬼怪；老师不在的时候，大家就开始讲自己编的恐怖故事。——"真是梦魇一般的回忆啊，我现在有时候做梦，都会梦到回到幼儿园而吓醒。"

也许有人觉得这是在危言耸听，但不能否认的是，上全托确实有很多弊端。

从心理发展上来说，3～6岁孩子的独立思考和判断能力没有发展完全，他们不明白什么是忙，也不明白爸爸妈妈忙工作是为了什么。很多孩子甚至认为，自己被长期送到幼儿园，这是爸爸妈妈不爱自己了，导致产生亲情疏离感。一旦孩子有了这种心理，不仅不利于建立孩子的安全感，还不利于形成良好的亲子关系。

从性格形成来说，孩子的成长是通过家庭、幼儿园和社会环境的互动完成的。而上全托的孩子，大部分时间是和幼儿园的小朋友、老师一起度过的，跟家庭和社会环境的接触相对较少。上全托虽然能够培养孩子的独立性和自理能力，但对孩子性格的形成，其实是弊大于利的。

对于幼小的孩子来说，无条件的爱和与父母的亲密互动，是每天的必需品。良好的习惯、健全的人格，都是建立在关爱和交流的基础之上的，更依赖于良好的亲子关系。

我给那位朋友最后的建议是，为了孩子的身心健康，不管那个全托幼儿园有多好，都不要送孩子去。在后来的聚会中，我欣喜地得知，朋友听从了我的建议，把孩子送到了离家比较近的幼儿园，让孩子可以每天回家跟爸爸妈妈团聚。孩子在这个幼儿园里交到了很多好朋友，有的还是住一个小区的邻居。上学的时候，大家相约一起去学校；周末的时候，大家可以一起出去玩，孩子们别提多开心了。

三、养成好的行为规范是迈向成功的基石

"性格决定命运，习惯决定性格。"习惯往往起源于看似不经意的小事，却蕴含了足以改变人命运的巨大能量。一个微不足道的动作，或许会改变人的一生，这绝不是夸大其词。

美国福特公司名扬天下，不仅使美国汽车产业在世界占据鳌头，而且改变了整个美国的国民经济状况。谁又能想到该奇迹的创造者福特当初进入公司的"敲门砖"竟是"捡废纸"这个简单的动作？

福特大学毕业后，到一家汽车公司应聘，一同应聘的几个人学历都比他高，在其他人面试时，福特感到没有希望了。当他敲门走进董事长办公室时，发现门口地上有一张纸，他很自然地弯腰捡了起来，看了看，原来是一张废纸，就顺手把它扔进了垃圾篓。董事长把这一切都看在眼里，当福特刚说了一句话："我是来应聘的福特。"董事长就发出了邀请："很好，很好，福特先生，你已经被我们录用了。"这个让福特感到惊异的决定，实际上缘于他那个不经意的动作。从此以后，福特开始了他的辉煌之路，直到把公司改名，让福特汽车闻名全世界。

在一个人的成长过程中，3~6岁是习惯和性格开始形成的时期。如果这一阶段基础没有打好，即使往后学到的课本知识再多，脑瓜再聪明，他也很可能在人生中做某件事时因某种原因而前功尽弃，或走上社会成为一个"半废人"。

引导孩子养成良好的习惯

想要孩子养成良好的习惯，家长可以遵循以下六个基本原则：

第一，有利的环境

家长不应该改变孩子的行程，而应给孩子提供养成好习惯的适当环境，尽量避免任何破坏这种环境的行为。例如，家长想帮助孩子养成按时入睡的习惯。到了睡觉时间，要给孩创造一个良好的睡眠环境，如保持室内光线柔和、舒适安静，不要大声吵闹。睡前不要过分逗弄孩子，不要让他太兴奋，也不要讲惊险恐怖的故事，上床前让孩子解好小便。如果孩子一时睡不着，不要吓唬他。否则，会使孩子睡不好。

第二，耐心的引导

我们不能指望孩子一下就养成许多好习惯，必须有耐心，慢慢地引导孩子。比方说，孩子每天从幼儿园回来后就喜欢看电视，谁说也不听。妈妈非常生气，一见到孩子看电视，就走过去粗暴地把电视机关掉，任由孩子哭闹。这样不但不能帮助孩子养成不看电视的好习惯，还会造成孩子的逆反心理。遇到这种情况，家长应耐心地给孩子说清道理，花时间陪孩子做一些他感兴趣的其他事情。时间长了，孩子就会摆脱对电视的依赖。

第三，及时的称赞

发现孩子有良好的行为表现时，家长应立即给予称赞以示鼓励。例如，孩子玩完了玩具，顺手把玩具收拾整齐放回原处，妈妈马上注意到这件事，可以对孩子说："宝宝真乖，真是一个会收拾玩具的好孩子。"孩子得到妈妈的称赞，心里非常高兴，下一次更乐意把玩具收拾好，渐渐就养成这种良好的习惯了。但家长的赞赏应着重控制在言语和态度上，尽量少用"买玩具""买东西吃"等鼓励方式，因为若使用不慎就会变成一种"贿赂"或交易。

🍄 第四，良好的示范

家长的一举一动都逃不过孩子的眼睛，所以家长必须以身作则，时时刻刻给孩子起到良好的示范作用。比如，孩子礼貌的行为、早睡早起的行为、整齐清洁的习惯、喜欢读书的习惯等，都跟家长的日常生活习惯有很大关系。而成人不知不觉间做出的不良示范，同样会对孩子产生极大的影响。父母喜欢乱发脾气，孩子的脾气一定也不会好；父母喜欢骂人，孩子自然也会骂人。

🍄 第五，坚决的态度

在孩子面前，家长必须有主见，做每一件事都要态度坚决。家长自己拿不定主意，孩子就会受到影响。比如，你要培养孩子良好的饮食习惯，如果没有固定的位置，今天让孩子在饭桌旁边吃饭，明天坐在台阶上吃饭，后天坐在沙发上一面看电视一面吃饭，这样就会形成不定性、随意的生活习惯。所以只有规范好日常的作息规律，才能帮助孩子养成良好的习惯！只要是对的一定要坚持到底。

🍄 第六，默契的合作

成人之间态度的不一致极大地阻碍着孩子良好习惯的形成。即使成人有不同的意见，也要在孩子不在场的时候讨论，大家在商谈中寻求一个共同的解决办法。例如，妈妈正在称赞孩子自己吃饭，不用大人帮忙，奶奶走过来说："别让他自己吃了，弄的地上全是饭粒，身上又脏兮兮的。还是大人喂他吃饭，又快又干净，多省事。"这样孩子刚刚培养起来的自己吃饭的兴致全被打消了，其他的好习惯又怎能养成呢？未来难道家长能代替他做所有的事情吗？所以家庭成员达成共识对良好的家庭教育非常重要。

除了以上六个基本原则，家长还应注意创造机会，让孩子重复实践好的行为。良好的习惯，必须坚持才有成效，滴水穿石不是水的力量，而是坚持的力量！

🍄 多话

首先父母一定要接受幼儿这阶段的多话现象。语言功能的发达必须经过"听与说"的阶段才能完成，所以大人应为小孩确立正确的说话典范，同时也要当幼儿忠实的听众。

尤其是不要抑制幼儿说话的欲望，父母对他们的话要表示关切，请多制造些愉快气氛；而例如"啰唆！""闭嘴！"等禁止小孩说话的言语和态度是最不应该的。

如果家中有客人，大人担心孩子会影响谈话时，可先告诉他："等一下再听你说好不好？"让他养成等待的习惯。

以上的说法并非要父母随时陪在孩子身旁，只要每天抽出三四十分钟耐心地陪他就够了，其余的时间妈妈可以一面工作一面应和说："原来这样呀！"并注意着他的眼睛，让他知道你对他的话是有反应的。这虽然只是非常简单的反应，但已令孩子相当满足了。

此外，在母亲为晚餐忙碌时，由父亲代为陪伴孩子也是个好方法，这时候父亲不妨把外界有趣的见闻告诉幼儿，更能满足小孩的好奇心以增进父子(女)间的情感。

话再多的孩子，在外面也不能像在家里那么健谈了。尤其是面对陌生环境时，这种倾向就更加明显。这时候大人也许会马上急躁地说："在家不是讲得很好吗？现在怎么搞的？"这种现象，与其说是孩子本身存在的语言问题，不如说是社会性的问题。只要他们习惯不同的人和环境，自然就可以慢慢克服这种障碍了。

宝宝和不良同伴的社交生活一旦顺利进行，粗话或令人不能接受的字眼就会经常脱口而出。当宝宝第一次说粗话时，父母不妨对他说："这句话不好听，不应该这么说哦！"然后教导他正确的说法；如果以后再听到他说粗话就故意闷不吭声，让他以为这种话无法与大人沟通，自然而然就会改掉了；如果大人因此大惊小怪反而会造成反效果。

总之，幼儿是不断在学习新词汇的，只要家人使用正确的语言方法，粗话的新鲜感很容易就消失了，大人不用太在意。

🍄 正确对待孩子的自言自语

这个阶段的孩子往往会自言自语，了解有关孩子心理发展知识的父母都知道，这种自言自语是孩子心理发展过程中的一种正常现象，这种现象又被称为"自我中心言语"，是孩子语言发展过程中的一个重要阶段。平时我们用于交流的话被称作外部语言，而不出声的在头脑中用以思考的话则是内部语言。对于孩子来说，他们已具备了一定的外部语言，但还没有形成内部语言。这样当他们思考问题时，往往要借助外部动作或语言的帮助。自言自语是孩子从外部语言向内部语言过渡的形式。孩子在游戏时，一边做动作，一边说话，用语言补充行动，用语言指导行动。孩子自言自语时，往往不需要别人回答，当他们想出办法时，还会自言自语地说出来。因此，当大人听到孩子自言自语时，大可不必担心，也不要厌烦，更不要阻止孩子的自言自语。随着年龄的增长，孩子的自言自语现象将逐渐消失。

🍄 帮助他们掌握分类和对应的概念

分类是按一定标准将物品进行分组归类，它是儿童掌握数、空间、规则等概念的基础。父母可以在日常生活中发展孩子的分类能力。如将买回的蔬菜、水果、干果分类；将洗完的衬衣、内衣、外套、裤子等分类；洗碗时将碗碟分类放置，等等。这种分类活动与孩子生活接近，他们很愿意做这种分类活动。

对应是把相关的事物进行配合。日常生活中有许多可让儿童进行对应的活动，如一张桌子前摆一把椅子，一个碗上摆一双筷子，每双鞋的左右脚对应等。这些活动为掌握数的概念提供了丰富的感性经验。利用日常生活中的各种情境和活动，帮助儿童学习掌握分类和对应概念，是一种行之有效的方法。

幸福家庭是送给孩子最好的礼物

"人之初，性本善；性相近，习相远。"《三字经》里的这句话阐述了后天教育对孩子的影响。中国还有句俗话："有其父必有其子。"此话进一步阐述了孩子后天成长受父母影响的重要性，说的是从父母亲的人格特征和心理品质就能看到孩子的未来品格，当然孩子的行为特征也会带有父母的痕迹。

孩子的成长受到家庭、学校、社会三方面的影响。这三种教育中，家庭教育起着举足轻重的作用，给孩子最好的礼物是榜样。

俄国作家、思想家托尔斯泰说："全部教育，或者说千分之九百九十九的教育都归结到榜样上，归结到父母自己生活的端正和完美上。"

对成年人的模仿一直伴随着孩子的成长，孩子们第一个模仿的对象便是自己的父母。父母的一言一行，孩子都会看在眼里，记在心上，并观察，模仿，学习。如果家长一有空就去看电视剧、逛商店、打牌，却每天在叫小孩子读书、写日记，孩子就会不愿意，就会产生抵触情绪，学习的效果也不会好。更为严重的是，如果家长没有时间督促，孩子对学习又没有自觉性，孩子也会像父母一样，将时间都用于玩乐上，学习成绩自然不会好。父母卷不离手，孩子自然热爱阅读、学习。

因此，父母在生活中要时刻提醒自己：孩子正在观察自己，自己的一举一动都有可能在孩子的脑海里回旋很久。父母应当知道，孩子以自己为楷模，无论送孩子多么贵重的礼物，都不如把自己良好的行为举止展示给孩子，这才是给孩子的最好的礼物。

我小时候住的县城里有这样一个邻居，爸爸是医生，妈妈是教师，家里有3个孩子。有一个场景一直印在我的脑海里：夜色如黛，放眼望去，在柔和的灯光下，爸爸在安静地看书，妈妈在织毛衣，3个孩子在灯下看书或写字。

这个由父母和孩子共同营造的氛围，是和谐温暖的。爸爸与妈妈无声的榜样力量，才是最有力的家庭教育。

后来，邻居家的3个孩子都考上了名牌大学。

所以，爸爸妈妈要以自己人格的力量去影响孩子，在生活中从点点滴滴引导，实实在在做示范，让孩子成为具有优秀品质和健全人格的人。

家长们都在给孩子们报考各种兴趣班。的确，儿童艺术、体育教育越来越受到人们的关注。幼儿艺术教育有利于丰富幼儿的想象力和审美能力，培养幼儿的自信心；体育教育能增强孩子的体质，培养坚强的性格，增进伙伴间的交流等。

🍄 艺术教育是素质教育不可或缺的重要内容

教育学者黄崇普在《浅谈艺术教育在素质教育中的作用》中认为："人的情感对人的认知具有组织和瓦解的影响力，痛苦、愤怒的情绪有损于人的智力，高兴、愉悦的情绪则更有利于人的智力发展。艺术教育在素质教育中发挥着重要的作用，能够有效完善受教育者的心理结构，有利于增强受教育者的体质和体能。当美的客观对象对受教育者产生作用时，就会引发受教育者的美感，产生一种激动愉悦的情感反应，能够产生一股强烈的力量侵入人的心灵深处，升华为一种美化教育，提高受教育者的审美素质。"

艺术教育是一种意识形态教育

　　教育学者罗双燕在《学校艺术教育与构建和谐社会》里面说："艺术教育可以给人提供一种良好的状态，良好的情绪状态、良好的精神状态、良好的生命状态，而一个创造者没有那种最佳的情绪状态、精神状态、生命状态，是不可能完成的，这正是艺术教育所不可替代的。"

　　但是，目前家长的心中也有些普遍的对艺术教育、体育教育的误区。

　　紧盯技能教育，忽视美学教育。例如，家长把艺术教育考级当作唯一目标，追求严谨的、一环接一环的教学模式，在教学过程中过分强调专业技能训练，忽视对孩子欣赏能力以及审美情趣的培养。

　　家长把孩子学艺术作为"名校敲门砖"。目前，80%左右的家长把艺术教育定位在"名牌学校的敲门砖"上，把艺术教育也变成了应试教育，经常用专业的水平来要求孩子，甚至不惜牺牲孩子许多的课余时间，强迫孩子进行成人化的专业训练，如一个指法要练十几遍甚至上百遍。只要孩子学了艺术专长，家长就非要想方设法把孩子培养成这方面的专家，结果毫无美感的训练让孩子过早地失去了对艺术美的感知兴趣。

　　忽视了体质对身体健康的重要性。当今中国经济高速发展，家庭经济收入也相应得到提高，人们的头脑中经济观念占据着主要位置。所以家长更看重文化学习，对子女的体育教育却没有加以足够的重视，忽视了体质对身体健康的重要性。有的家长把体育运动与文化学习对立起来，甚至认为学生参加体育运动是"浪费时间"，是"不务正业"，是"玩心太重"。

🍄 教孩子学会自护自救

德国的幼儿园，主要的课程是生活安全知识教育和习惯的培养。3年过去后，孩子学会了自己修理玩具，自己管理时间，自己约会，自己制订计划，自己搭配衣服，自己整理东西，自己找警察。一个6岁的孩子，生活能力很强。

德国幼儿教育强调两个方面：

🍄 一、事实与环境教育

这是一种能唤起幼儿环境保护的初步意识的教育。通过观察周围环境，访问不同的机构，幼儿会增加对周围环境的兴趣；通过接触自然，儿童会促使自己成为环境保护的主人，比如认识到能量与水的意义，避免制造多余的垃圾，或直接参与分拣垃圾等。

🍄 二、实际生活与家政教育

家长通过设计有意义的情境，给孩子以体会，可形成他在集体生活中必须具备的技能，如穿衣，熟悉使用各种用具，知道每年的重要事件，掌握家务劳动技能（整理房间、洗衣、做饭等），熟悉交通规则，对紧急情况能做出反应等。

在我国，对孩子的安全教育培养还是比较欠缺的。有些家长甚至习惯于用言语来恐吓孩子，比如会告诉孩子，这个不能动，那个也不能动！要是碰了，你就会受伤，或被坏人抓走。其实这种方式是无效的，甚至起到反面作用。心理学有个名词，叫作"皮格马利翁效应"，你越说不行，孩子越想去碰。而且这种言语恐吓，时间长了，会让孩子失去探索未知的勇气，并且越来越畏首畏尾。

真正有效的安全教育是怎样的呢？我们来看一个例子。

　　日本是地震多发国家，一般性的地震（3~5级）经常发生。所以孩子们都知道发生地震时，如在幼儿园要听老师的指挥；如在家中来不及跑出去，要躲入角落或钻到桌子下面，远离挂物，以免被砸伤。

　　防火、防触电等安全常识，也是教育内容。日本的教育不是让儿童害怕地震、火灾或电源，而是让他们不怕，在灾害面前知道怎么处理。

所以，注重对孩子的安全教育，有如下一些建议：

🐛 上街安全教育。教育小儿遵守交通规则，不在马路上停留和玩耍，要在便道上走，过马路要走人行横道。一起上街时，父母要带好孩子，提点孩子什么是安全的地方，什么是不安全的地方，要让孩子记住自己的姓名、家庭住址。

🐛 防止异物入体。教育孩子不随便把东西，如小石头、花生粒、瓜子、小纸团等放入口腔、鼻腔、耳道，以免发生意外。

🐛 教育大一点的孩子，使他们懂得登高的危险。教育孩子不可从高处随便跳下。教育孩子不拿力所不及的东西。

🐛 要告诫孩子，不要把铅笔、筷子、冰棍、玻璃瓶或尖锐的东西拿在手里或含在嘴里到处跑，因为这样容易被扎伤。

🐛 教育孩子不要把塑料袋当作面具往头上套，以免引起窒息而死亡。家长也尽量避免将塑料袋乱放。

🐛 在野外旅行散步时，教育孩子不得随便采摘花果，抓捕昆虫，更不应放入口内，要预防中毒等意外事故发生。

🐛 教育孩子单独在家时，听到敲门声不要开门，可说："我父母不在家，请你以后再来。"以防窃贼趁大人不在时闯入盗窃。

🐛 请告诉孩子不踩井盖，遇到井盖绕过去。有的井盖不牢固，可能颠覆你。靠别人不靠谱，靠自己最靠谱。要对孩子进行全方位的自我安全保护教育。

🐛 请告诉孩子不要将身体的一部分放进狭小空间，如将手指往瓶子口里插，将头伸进院墙铁栏杆的缝隙，以免被卡住。

🌸 请告诉孩子生命无价。家长要对孩子进行这样的教育：遇到危险时，保全生命是最重要的，任何物品都不能和生命相提并论，留得青山在，不怕没柴烧。曾有学校发生火灾，学生为了拿书包而丧生的悲剧。

🌸 教育孩子不轻信陌生人的话，未经家人同意不允许跟陌生人走，更不要让陌生人碰自己的身体。告诉孩子，只有父母才能触摸他（她）的身体，如果陌生人要这么做，一定要尽快逃开，要向人多的地方跑，向大人求救。

🌸 教育幼儿独自在家时不自己动手反锁门，不玩煤气、炉火、火机、开水壶、饮水机、药品等危险物品。

🌸 教育孩子不吃陌生人的食物。陌生人给的东西，一定要经过父母的手，再递给孩子，这样父母就成了把关的人。父母不在场，孩子不允许接受陌生人的任何物品。

四、赏识是教育的一剂良药

"赏识教育，让孩子变得更美好。"（周弘《翘起你的大拇指》），家庭教育专家周弘的赏识教育观念是我十分推崇的育儿观念。

孩子学说话、学走路的时候，没有父母会认为孩子是坏孩子。通过孩子含混不清的话语，父母看到的是孩子未来清晰的口语；通过孩子歪歪斜斜的脚步，父母们想到的是孩子未来矫健如飞的步伐。那个时候，父母都坚信自己的孩子行，并宽容对待孩子之间的差异，允许他们失败，所以孩子最终能学会说话，学会走路。

教孩子学说话、学走路的过程，蕴含了世界上最快乐、最有效的教育奥秘——赏识教育。它是一种积极的心态，更是一种坚定的信念。正是这种爱让每个孩子在学说话、学走路时都处在一种快乐幸福的、天才般的状态。赏识教育还要将这种爱延续到孩子成长的一生，普及到成人的工作和生活中。

🍄 期待效应：欣赏让愚钝变为天才，批评让天才变成愚钝

人类对赞美的渴望是最长久、最深层次的需要。有句俗话说得好：良言一句三冬暖，恶语伤人酷暑寒。中国前一百名高材生中，有67位因社交能力过弱而在之后的事业中严重受挫，难以获得成功，他们共同的心理障碍是——难以启齿赞美别人。

赞美的力量、鼓励的火花，曾经让许多人的生命有了奇迹般的改变。有一篇名为《妈妈，只有你能欣赏我》的经典育儿故事，我每看一次都会非常感动，在这里分享给大家，希望更多为人父母的朋友能从中领悟到生命的智慧，多看到你孩子优秀的一面，也多看到你家人、朋友和同事优秀的一面，不要以发现别人的缺点为快感，而是以提醒代替要求，以鼓励代替鞭策，以欣赏代替责骂，相信孩子的生命品质会大不一样。

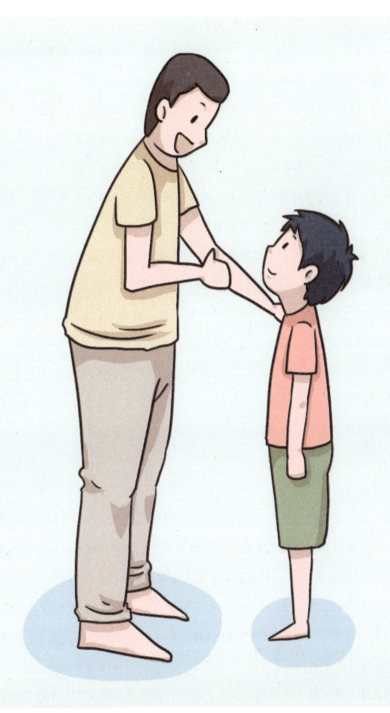

妈妈，只有你能欣赏我

有一位妈妈第一次参加家长会，幼儿园的老师说："你的儿子有多动症，在板凳上连三分钟都坐不了，你最好带他去医院看一看。"回家的路上，儿子问她："老师都说了些什么？"她鼻子一酸，差点流下泪来。

因为全班 30 位小朋友，唯有他表现最差；唯有对他，老师表现出不屑。然而她还是告诉她的儿子："老师表扬你了，说宝宝原来在板凳上坐不了一分钟，现在能坐三分钟了。其他的妈妈都非常羡慕妈妈，因为全班只有宝宝进步了。"

那天晚上，她儿子破天荒吃了两碗米饭，并且没让她喂。

儿子上小学了。家长会上，老师对她说："全班 50 名同学，这次数学考试，你儿子排第 40 名，我们怀疑他的智力有些障碍，您最好能带他去医院查一查。"

回去的路上，她流下了泪。然而，她回到家里，却对坐在桌前的儿子说："老师对你充满信心。他说了，你并不是个笨孩子，只要能细心些，会超过你的同桌，这次你的同桌排在第 21 名。"

说这话时，她发现，儿子暗淡的眼神一下子充满了光，沮丧的脸也一下子舒展开来。她甚至发现，儿子温顺得让她吃惊，好像长大了许多。第二天上学时，他去得比平时都要早。

孩子上了初中，又一次家长会。她坐在儿子的座位上，等着老师点她儿子的名字，因为每次家长会，她儿子的名字在差生的行列中总是被点到。然而，这次却出乎她的预料，直到结束，她都没听到。她有些不习惯。临别，她去问老师，老师告诉她："按你儿子现在的成绩，考重点高中有点危险。"

她怀着惊喜的心情走出校门，此时她发现儿子在等她。路上，她扶着儿子的肩，心里有一种说不出的甜蜜。她告诉儿子："班主任对你非常满意，他说了，只要你努力，很有希望考上重点高中。"

高中毕业了。第一批大学录取通知书下发时，学校打电话让她儿子到学校去一趟。她有一种预感，她儿子被清华大学录取了，因为在报考时，她跟儿子说过，她相信他能考取这所学校。

她儿子从学校回来，把一封印有清华大学招生办公室的特快专递交到她的手里，之后突然转身跑到自己的房间里大哭起来，边哭边说："妈妈，我知道我不是个聪明的孩子，可是，这个世界上只有你能欣赏我……"

这时，她悲喜交加，再也按捺不住十几年来凝聚在心中的泪水，任它打在手中的信封上。

🍄 赏识教育，创造奇迹

这是一个感动了很多人的故事。许多人很难想到在这个故事里居然有两个传奇：从小双耳全聋的周婷婷在父亲的教育下，16岁成为大学生，并被美国加劳德特大学录取为研究生——第一个中国聋人研究生。而仅初中毕业的父亲不仅办起了"婷婷人中人聋儿幼儿园"，而且还提出了全新的"赏识教育"理论。他创立的赏识教育法被称为"中国家庭教育第一品牌"。在世界最著名的六种教育方法中，只有赏识教育是中国人创造的，它是中华民族的教育瑰宝，是中国人民的骄傲！

故事里的父亲叫周弘，被誉为"中国第一位觉醒的父亲"，是一位具有传奇经历、平凡而伟大的父亲。

周弘属于"什么都被耽搁了"的"老三届"，1967年的初中毕业生，当过兵，当过翻砂工、南京机床厂技术员，进过"七二一"工人大学。1980年6月27日，他的世界彻底改变了，因为他有了一个不普通的女儿——一个双耳全聋的女儿。全聋在全世界都是康复禁区，唯一的出路是上聋哑学校。周弘深深体会到聋人父亲的痛苦，聋儿或多或少都有一些听力，只有婷婷是全聋，只能听到100分贝以上的声音。

婷婷像别的聋童一样自卑，来客人时像小动物一样躲在桌底下。小时候，直到她哭昏过去，大人们都无法知道她要干什么。彻底改变周弘的是电视剧《血

疑》。大岛茂为了只有1%生存可能的女儿幸子，付出了无尽的父爱，而自己的女儿不过是耳聋。生命是脆弱的，也是美丽的。他决心一定要为女儿打开有声世界的大门。

周弘最初的梦想不过是让女儿喊他一声"爸爸"，在他的不懈努力之下，当时百分之百应上聋哑学校的婷婷，不仅没有上聋哑学校，而且进了普通小学，连跳两级，成为"全国十佳少年"。更让他欣喜的是，女儿不仅开口说了话，而且荣膺《中国妇女》评选的"时代人物"，并且排名第六，与她同时当选的有吴仪、邓亚萍、杨澜等海内外著名的中华女性。而周弘这个与学校教育不太相干的父亲，也被调进南京聋哑学校当了副校长。

为什么父女的命运会产生如此天翻地覆的变化呢？因为周弘在孩子的教育问题上觉醒了，他发现了一座教育宝藏。这是一种最神奇也是最普通的方法，一种最新鲜也是最古老的方法；是我们作为父母本来就有却没有发现，都本能地使用过却无意中又遗忘了的方法，它就是赏识教育！是赏识教育改变了婷婷的命运，也改变了作为父亲的周弘的命运。

🍄 赏识孩子的努力而不是聪明

我曾经在报纸上看到一则这样的报道：北欧一名教授要求中国学者向她女儿道歉。因为教授认为中国学者的夸奖伤害了她的女儿："你是因为她的漂亮而夸奖她，而漂亮不是她的功劳，这取决于我和她父亲的遗传基因，与她个人基本上没有关系。你夸奖了她，孩子很小，不会分辨，她就会认为这是她的本领，而且一旦认为天生的美丽是值得骄傲的资本，她就会看不起长相平平甚至丑陋的孩子。并且，你未经她的允许就抚摸她的头，这使她以为一个陌生人可以随意抚摸她的身体而不经她的同意。"

中国学者对教授女儿的夸奖和喜爱，反而惹得教授不高兴。仔细想想，我们不能不反思我们的夸奖，反思我们的教育——每个孩子身上都有许多与生俱来的特质，比如相貌、气力、智商等，许多的家长和亲戚朋友总喜欢夸奖孩子聪明、漂亮，正如中国学者对教授女儿的夸奖一样，这样的表扬、赏识对孩子是极为不利的，因为孩子多是根据别人对自己的评价来发展自己的。

从教授的话语中，我们明白，赏识应该着眼于受表扬者个人的劳动和努力上，着眼于受表扬者今后的发展上，否则，就会产生错误的导向。片面理解和不负责任的"赏识"是有害的！

有些家长总是喜欢说"我这孩子要哄，要捧"。如果你认为赏识教育就应该是这样的，那就大错特错了。青少年由于知识不足，辨别是非的能力差，成长的过程中难免要犯这样那样的错误。如果我们对于这些错误视而不见，听之任之，违心地表扬，长此以往，孩子就会看不到自己的缺点、弱点，甚至迷失前进的方向。在这种表扬中长大的孩子，往往心理素质差，不能经受挫折，在学习、工作、生活中一旦遭受失败，就会怨天尤人。

赏识教育不是说不要批评，而是说批评的方法要巧妙——要在适当的氛围中，以帮助提高认识的语气和态度，在被批评者能够和愿意接受的基础上恰如其分地提出批评；要把批评与鼓励结合起来，把批评与赏识结合起来。孩子们虽然喜欢听表扬，渴望被赏识，但是他们不需要廉价的表扬和赏识。

🍄 如何走出"赏识教育"中存在的误区

虽然人人都希望被赏识，但是赏识教育还是要注意因人而异——或者在失败中帮助找出成功的一面，或者在肯定成功的同时提醒注意点。总之，不能千人一面，简单低级地赏识，要考虑被赏识的人是否易于、乐于接受你的这种赏识方法。

有的家长喜欢对孩子讲"你比某某好""某某不如你"，采取这种与别人比较的表扬方法，容易使孩子形成自以为是、自满、瞧不起别人等心理，这对孩子的成长是很不利的；也有的家长在孩子每做好一件事情后，都要"真乖""真好""真聪明"地赞扬个不停，其实这种无节制的廉价的表扬，也会使孩子滋生虚荣、自负、骄傲的心理。

正确的赏识，应该做到两点：

🌸 第一，要细心地观察和了解，准确、具体地说出孩子的表现与成就，把孩子的用心和努力都看在眼里，然后再夸奖孩子。比如，孩子在写完作文之后，你通过认真阅读把孩子在作文选材、立意、表达、结构上所做的努力一一说了出来，愉快、自信的笑容就会洋溢在孩子的脸上。

🌸 第二，赏识表扬要及时。家长要时刻关注孩子的每一点细微的进步、每一个小小的闪光点，并及时给予夸奖和鼓励，让孩子产生成就感和自豪感，促使孩子不断进步。

教育的方法是多元的，赏识教育并不是万能的。我们在充分肯定赏识教育的同时，不可忽视、贬低其他的教育方式。我们要针对具体情况，有机结合各种教育方式，发挥它们各自的优势，才能达到教育的最佳效果。

五、 扩展阅读

心理学家威廉·杰姆斯说："人性最深层的需要就是渴望别人的赞赏，这是人类区别于动物的地方。"有句名言："人性最深刻的原则就是希望别人对自己加以赏识。"可见赏识教育就是充分肯定孩子，通过心理暗示，不断培养孩子的自尊心和自信心。

🍄 最好的教育是陪伴

父母是孩子的第一任老师，也是终身老师。陪伴是最好的教育，在0~3岁这个阶段，陪伴玩耍是主要的；在3~6岁，陪伴的内容和性质都将升级。

孩子出生后，他心灵上的这块土地是荒芜的。父母是这块土地的第一个播种者，你播下什么样的种子，就会结出什么样的果实。俄国作家、思想家托尔斯泰说："全部教育，或者说千分之九百九十九的教育都归结到榜样上，归结到父母自己生活的端正和完美上。"

我的一个男性朋友，在儿子2岁时，一直坚持每晚跟儿子读绘本，陪孩子入睡；在儿子进入3岁后，就以讲故事的方式陪伴孩子。每天晚上，父子二人会就一个故事的情节一起构思和想象故事里的人物和情节的发展。这样做既让孩子每天都很期待故事的发展，愿意与父亲一起聊天，而且也开发了孩子的联想思维。所以，3~6岁，父母应该在陪伴的形式和内容上升级。正所谓陪伴时间重要，陪伴质量更重要。

1.发现孩子的兴趣并引导孩子乐在其中

现在，家长大多会给孩子报各种早教班、兴趣班，这些都是很好的观念。报兴趣班，不仅可以让孩子更多地接触艺术、体育等人文养成教育，另外也会让我们发现孩子的兴趣和特长。基因和家庭环境会让每个孩子都有自己的特质、不同的兴趣，有的孩子喜欢绘画，有的喜欢弹琴，有的喜欢手工。我们做家长的要给孩子更多的尝试机会，也要观察了解孩子更喜欢哪些项目，尤其是要鼓励和引导孩子乐在其中，发现孩子在某个项目上的优势后，给予一定的奖励和进步标准要求，培养孩子的自信心和优越感。

2.参与孩子的游戏，并学会鼓励孩子

这个时期的孩子，可以主动参与的游戏类活动很多。家长应该尽可能地提供这样的机会，在保证安全的前提下，鼓励孩子与伙伴一起做游戏。家长也要参与其中，因为家长在身边，孩子自然会有一种安全感，会放松地投入到游戏中。家长一定要多鼓励孩子，给予正面的语言暗示和表扬。

3.学会与长辈沟通和分享

所有家庭都面对隔代教育的问题，爷爷奶奶、姥爷姥姥围着孩子转的现象在我国比较普遍，虽然现在主流的家教观都在提倡父母要做主要教养人，但是年轻父母大多忙于工作，很多时候，长辈会更多地陪伴孩子。所以，做家长的一定要学会与自己的长辈沟通，有问题多分享和讨论，既不可放任不管，也不可忽视老人的意见。有效的沟通会让我们结合两代人的优势，让孩子更健康快乐地成长。

4.外出旅行对这个阶段的孩子很重要

3~6岁的孩子都喜欢黏在爸爸妈妈身边，我们要珍惜这段时光，因为"做父母是有有效期的"。孩子对父母崇拜和依赖的这段时期正是建立良好亲子关系和培养孩子的好时机。建议父母们有机会多带孩子旅行，也就是亲子游。

让孩子从小旅行，可使其增长见识。他们在接收更多事物与见闻的时候会寻找到更符合自己内心愿望的爱好，而且亲眼见过的一定比只在书上看过或者听人说过的更有触动性。

🍄 解读《3-6岁儿童学习与发展指南》

按照国内的教育原则，3~6岁正是孩子进入幼儿园的时间，也是社会上通用的所谓学前教育阶段。2012 年10月9日，由教育部正式颁布的《3-6岁儿童学习与发展指南》，从健康、语言、社会、科学、艺术等5个领域描述了幼儿学习与发展的状况，分别对3~4岁、4~5岁、5~6岁3个年龄段末期幼儿应该知道什么、能做什么，大致可以达到什么发展水平提出了合理期望；同时，针对当前学前教育普遍存在的困惑和误区，为广大家长和幼儿园教师提供了具体、可操作的指导和建议。

《指南》的制定始于2006年，专家组分析比较了13个国家的早期儿童学习与发展指南的相关内容，用两年的时间广泛征求幼儿园园长、教师和家长的意见，在全国东、中、西部抽取3600名幼儿及其家长作为测查对象。正式文本出台前，专家组先后两次面向各省（区、市）教育行政部门和有关师范院校征求意见，又在教育部门户网站面向社会公开征求意见。

教育部学前教育专家指导委员会负责人介绍，《指南》着重强调了要充分认识生活和游戏对幼儿成长的教育价值，严禁"揠苗助长"式的超前教育和强化训练，成人不应用一把"尺子"衡量所有幼儿等先进教育理念。这本《指南》的核心，就是针对这个阶段的孩子，我们如何做好"养成教育"。

给3~6岁孩子家长的一封信

亲爱的家长们：

我们做父母的，一定希望孩子都健康、快乐、优秀，所以养成教育成为3~6岁这个阶段的主题。关于养成教育，就是习惯培养的教育。一个好的习惯受用终生，所以我们在每个小节中主要给家长们提了一些具体的建议：

1. 养成孩子好的行为习惯是未来教育成功的基石。

2. 要培养孩子的人文素养和兴趣，发现孩子的独有特长。

3. 安全教育不是语言恐吓。要让孩子从小懂得保护自己的安全，并且有一定的安全知识和应急办法。

4. 智慧的父母要尽早让孩子融入幼儿园，让孩子走好社会交往的第一步。

5. 父母陪伴是最好的教育，但同时要提高陪伴的质量。

6. 最重要的一点——赏识你的孩子，每时每刻。不要吝啬你的语言鼓励，要一直给孩子正面的爱的语言，因为相信是最大的欣赏。

3~6岁的孩子，对父母的依赖和崇拜，会使父母感到特别的开心，也让我们的生活充满无限的乐趣。珍惜这段时光吧，亲爱的父母们！

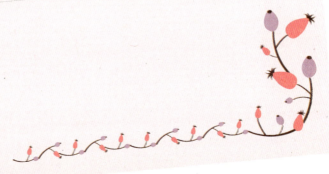

第三章

6~12岁孩子的
身心特点及教育

6~12岁，是孩子从童年转向少年的阶段。他们的自我意识开始强烈，对自己也有了新的认识。对这一年龄阶段的孩子来说，传统的责罚教育（以斥责、惩罚为主要手段的教育）和明示教育（用语言明确地告诉孩子应当怎样或不应当怎样）开始乏力，有的甚至适得其反。

一、6~12岁是孩子心理的一个非常时期

> 6~12岁，是孩子成长过程中的黄金6年。可以说，这个阶段的孩子，身心发展是均衡和平稳的。他们对人对事，大都呈开放状态，比较纯真、直率，情绪较少波动，亲子关系、师生关系也都会比较融洽。

这也是非常重要的转折期和过渡期——在小学低年级时，孩子身上还具有明显的学龄前儿童的心理特点，而到高年级时期，一些孩子已逐步进入青春期。因此，有人称这个阶段为童年中期，甚至是前青春发育期。对于这个阶段的孩子，父母需要认识到以下几点变化：

🍄 孩子会经历以学习逐步取代游戏成为主导活动的转变过程。这并不是说上小学之后的孩子不再做游戏了，而是说他们会开始进行一些复杂的活动，且这些活动是与技能学习、自我评价、智力活动等联系起来的，更具目的性，对个体的智力、意志力、个性发展等提出了更高的要求，同时也促使孩子心理承受能力有了提高。

🍄 同伴关系在孩子的生活中越来越重要。孩子对老师、父母的态度也会由一开始的权威服从到批判式的怀疑或思考。随着孩子自我意识的发展，孩子开始有了自己的个性。

🍄 6~12岁的小学阶段，孩子的注意力转移到社会知识的学习和兴趣的培养上。这个阶段也属于孩子性别意识的潜伏期。

心理暗示，对孩子很重要

所谓暗示教育，是家长采用暗示的方法表达自己的意见，使孩子悟出"应该怎样做""不应该怎样做"的道理。暗示教育能激发孩子无意识的心理活动。在轻松愉快的气氛中接受教育，比用强制性的、命令性的教育效果更好。

国际上有一个通行的教学方法叫"暗示教学法"，其实该方法用在家庭教育中也具有神奇的作用。我们先来看个故事。

一天，某国最著名的一个科学家来到一所小学，他走进三年级的一个班，和孩子们上了一堂课。在下课前，校长让科学家点评这节课。科学家说："杰克将来一定是个数学家，玛丽一定会成为好的医生，汤姆会成为天文学家……"

十几年过后，奇迹发生了，被科学家点名赞扬的孩子长大后都很成功，甚至有的就如当年科学家所预言的那样成了某个领域的科学家。

这件事引起了媒体的关注，一个记者就去采访这位科学家，问他怎么会这样神奇，能预测十几年后一个人的发展。这位白发苍苍的老人想了很久，好像不记得这件事了。经过记者反复提醒，老人才若有所思地说道："说实话，我当时真的是很随意地讲讲，仅仅是为了鼓励一下孩子们啊！"

做好孩子的暗示教育

教育孩子并不需要声嘶力竭，有时候只是一句温暖的话，一个期待的眼神，一个热情的拥抱，就能让孩子获益匪浅。妈妈的一句"孩子，妈妈相信你，相信你能成为最好的自己"，或许就能让孩子主动多看一小时的书，让孩子更卖力地学习。

你了解自己的孩子吗

暗示教育的出发点首先是要了解自己的孩子，要对孩子观察入微。

有一天早上，孩子突然跟妈妈说："我头疼，不想上学了。"妈妈看看他，知道孩子不是感冒，估计是有其他原因。聪明的妈妈没有直接去问，而是说："好吧，如果感冒了，那么我们两个一起向老师请假。明天好了必须去啊！"说完，妈妈就跟老师请了假，然后悄悄地跟老师了解孩子在学校的表现。

老师告诉她，因为她的儿子比同龄入学的学生小一岁，每次做"开火车"数数的游戏，总是到他这里卡壳，他就很害羞，不想再去学校了。

妈妈了解到事情的原委，并没有怪罪孩子撒谎，还与孩子一起讨论，如何渡过这个难关。

这个故事里母亲就做到了细致观察，深刻了解了孩子的需求和心理反应。

🍄 进行积极的心理引导

暗示教育主要是要用好正面引导，一些语言的运用就十分关键了，父母的每一句话在孩子心中都有举足轻重的影响力。古语有云："良言一句三冬暖，恶语伤人六月寒。"家长无论什么时候，都不要用暴力语言来冲孩子喊叫。

我认识一个母亲，她是个女强人，对待员工一直非常严厉。可能是习惯使然，有一次，我看到她在大声呵斥着自己的女儿。具体场景是这样的：晚上放学了，妈妈开车送她直接到补习班，可能为了抢时间，女儿就在车上吃盒饭。妈妈就大声骂她："你真是笨死了，什么时候让我省心啊！快吃，瞧你那死样！"

大家试想一下，这种语言暴力，时间久了，那是多负面的暗示啊，它会在孩子心里不断累积消极的能量。

很多人都看过《放牛班的春天》这部电影，如果没有看过，有机会可以看看，对家长的启发会很大。

故事发生在法国。某个小镇的郊外，有一个充满着严格制度的少年学校。而这个学校里的学生，并没有因为这样的严厉管制而变得乖巧，反而成了一群没有教养、只会用武力解决问题的孩子。然而谁也不会知道，他们遇见了一个足以改变他们命运的人——马修。

影片中的院长，对孩子不仅没有耐心，而且往往对犯了过错的孩子处以严酷的体罚，如将小孩单独关在禁闭室，无视孩子的惊恐害怕。马修老师则完全不同，他对孩子充满了爱心，对犯错的孩子，也不是一味偏袒，而是给予他们改过的机会。在他的善诱下，每个孩子都拾回了他们的自信，找到了属于自己的春天。

电影可能是虚构的，但马修老师通过亲密沟通和正面评价来引导孩子积极面对生活，培养他们积极乐观的心态，从而提高孩子的自信心。这是我们每个家长都需要学习的。

踏踏实实走好成长路上的每一步

赞扬可以提高孩子的自信心，有利于意志力的锻炼。家长要注意对孩子在活动中通过努力表现出来的点滴进步，要适时适度地给予肯定和赞赏。温存的微笑、亲切的抚摸、友好的合作，对于孩子来说都是鼓舞。

只有父母赞扬与鼓励孩子，孩子才会用恒心与热情去干好一件事。

著名的儿童教育心理学家陈鹤琴认为，孩子都有一个共同的心理特征，那就是喜欢称赞、鼓励、赞许，不喜欢被禁止、阻挠或批评。因此，陈鹤琴主张给孩子积极的鼓励。他曾经说："无论什么人，受激励而改过，是很容易的，受责骂而改过，是不太容易的，而小孩尤其喜欢听好话，而不喜欢听恶言。"因此，在孩子遇到困难及障碍时，家长不要急于给孩子帮助，而是要鼓励他自己去克服。

孩子经过自己的努力终于取得了成功，父母要及时赞扬，让孩子的意志力得到正面的强化。

有时候，孩子在做一件事情的时候，并不是很容易就看到效果的。这时候，父母要耐心对待，告诉他不要急于求成，要不断鼓励孩子坚持，哪怕孩子还没有取得一丝成功。

在日常生活中，任何事情的成功都需要付出一定的时间。父母不要对孩子期望太高，不要希望孩子在短时间内取得巨大的成功；只要看到孩子有一点点的进步，就要鼓励孩子，不论这些进步是多么的微小。

四、暗示教育的方法

暗示是一种不明确表示意思，而是用含蓄的语言或行为使人领会意图的方法。对于孩子来说，暗示教育能激发他们无意识的心理活动，在轻松愉快的气氛中接受教育，这比用强制性的、命令性的教育效果更好。

比如，当孩子吃手指时，你"啪"地打一下他的手，大声呵道："不许吃手！"这种作为不一定会比摇一摇头，用眼示意孩子停止更有效。因为，当压力过大时，孩子反而更想将手伸入口中。

🍄 语言暗示法

在小学的年龄，语言暗示十分有效。例如，你想让他在英语上取得进步，你可以说："我们好想听你用英文唱迈克·杰克逊的歌！"他就知道爸爸和妈妈希望他的英语学得更好！希望孩子晚上早点睡，你就可以说："明天我们6点半一定得起床，到时候我可能会把你从被窝里拉出来！"他就知道你希望他按时就寝。

当我们要让孩子对某一事有深刻的印象时，我们也不一定要反复强调，只需用暗示性的语言启发，就能达到目的。比如，想教给孩子到学校懂得关心他人，我们可以问他："今天有老师表扬你帮助同学了吗？"

🍄 行为暗示法

行为是直观的，很易引起孩子的注意。我们如果不想孩子有违反交通法规的习惯，自己就不要闯红灯；我们希望孩子少玩游戏，自己就不要老在iPad上玩游戏。

🍄 榜样暗示法

言传身教，身教重于言传。父母是孩子的第一任老师，你的言行举止都将影响孩子的一生。很多有多年教育经验的老师都会说，看到孩子的表现，大体可以知道他的家长是什么素质。孩子就是父母的影子，不但是基因遗传，还包括榜样的暗示。

TIPS

孩子犯错了，父母怎么办

孩子犯错了，父母先不要不问青红皂白地批评孩子。这里告诉父母4个正确处理方法，希望对父母有所帮助：

一是告诉自己，当很想发脾气时，先深吸一口气，选择平和、不尖锐的语气说出心中的不满。

二是很想打人时，先站在原地30秒，让怒气缓和下来，再伸出手轻轻拉着孩子坐下，告诉他，实在很想处罚他，但要听听他犯错的理由再决定轻重。

三是孩子达不到父母原先的期望时，父母先别急着表现出失望的表情，问问他的感受，也许他的心情比父母更深陷谷底。

四是孩子不听话时，父母等10分钟后再表达怒气，用这10分钟照照镜子，看看自己生气的表情，然后问自己：我有没有先听孩子说的话？

五、家长守则

在养育孩子的过程中，父母也在成长，儿童观，其实反映了父母的价值观，这个需要不断精进。

孩子需要一个温暖的家

现在很多的中国家庭，父母在外奔波，与朋友应酬，回家越来越少。2015年7月，深圳的一家媒体还专门发起了"回家吃饭日"，原因就是成年人在外应酬太多，很少跟家人尤其是孩子吃饭了。

还有一种情况，夫妻之间不能相互谅解，在孩子面前大吵大闹，大打出手，甚至闹到离婚，孩子看在眼里，伤在心里。随着年龄的增长，他们所受的创伤会越来越深，有些孩子还会变得冷漠、麻木，甚至厌世。

科学研究表明，经常忧心忡忡、整天生活在紧张、焦虑情绪下的孩子，会比具有快乐、稳定情绪的孩子身材矮小，在性格方面也容易有暴躁、孤僻、自闭的倾向。所以，作为孩子最亲近的人，我们要做的，是给孩子一个温暖和睦的家，用无私的心去关怀孩子的成长，教他们做人的道理，让他们懂得人生的价值与意义。

赞美和激励孩子一定要及时

积极的语言，尤其是赞美，有益孩子健康快乐地成长。日本作家江本胜在《水知道答案》一书中，用122张通过显微摄影拍下的奇形怪状的水结晶照片，试图向读者展示"水能听，水能看，水知道生命的答案"这一奇异观点。该书称，这项实验由日本研究水结晶的I.H.M综合研究所的江本胜博士主持，已进行了10年。所有的这些形态各异的水结晶照片都是在-5℃的冷室中以高速摄影的方式拍摄而成的。

人们可以看到"谢谢"的水结晶非常清晰地呈现出美丽的六角形，也可以看到"混蛋"或者"烦死了"的水结晶破碎而零散。简而言之，作者认为，只要水感受到了美好与善良的感情时，水结晶就显得十分美丽；当感受到丑恶与负面的情感时，水结晶就显得不规则且丑陋。

作者认为："水接受不同的信息，结晶就会呈现出不同形状，能够启发人们对很多社会现实思考新的角度。比如，当水'看'到'爱与感谢'时，会呈现出几乎接近完美的结晶，让人们联想到'爱与感谢'本是宇宙存在与人际关系的基本原则，美好的情感与信念会对世界产生有益的影响，所以，我们更应该多一些'爱与感谢'。"作者试图向读者传递"世界需要更多赞美"这一观点。

🍄 别让自己的"坏情绪"伤害了孩子

很多夫妻习惯彼此抱怨，甚至把这些话传递给孩子。如果妈妈对丈夫有过多不满，孩子会对爸爸心生厌恶，并因此而感到不安，甚至产生终生的不安全感。如果爸爸说妈妈的坏话，孩子就会产生自卑心态，将来还会影响到他们的家庭关系。

我的一个好朋友，在女儿高考那年和丈夫离婚了。这对一个中年女性来说，犹如晴天霹雳。20年来，她可是众人眼里的幸福女人。离婚后，为了避开人们异样的目光，她待在家里将近半年时间，几乎足不出户。她女儿也闷闷不乐，学习成绩每况愈下，最后连高考都要放弃！

女儿还说，她非常恨自己的爸爸，决定这辈子都不要再见到他！这时候，这位妈妈觉察到，离婚已对家里每个人造成了不同程度的伤害，尤其是对女儿。自己不能再自怨自艾，要坚强起来，把女儿从痛苦和憎恨中解脱出来。

她跟女儿谈心，带她去旅行，在轻松的氛围中，和女儿聊天，开导她。

她说："首先妈妈向你道歉，不论我和你爸爸谁对谁错，在离婚这件事上妈妈都有责任！另外，在这段婚姻生活中爸爸是有错，但那是我和你爸爸之间的事，与你关系不大。所以你并没有失去父爱，更没有失去母爱。你爸爸只有你一个女儿，未来他日子过得好你应该高兴，万一他生活得不好，妈妈没有任何责任和义务再去照顾他，而你一定要照顾他和赡养他。"

几年过去了，女儿一直和父亲相处得很好，内心也非常宽容大度。

有一天，女儿显得很沮丧，对妈妈说："妈妈，有一件我非常非常不想发生的事情发生了。"

妈妈其实已经知道了她今天为什么如此不高兴。她抱抱女儿，说："来，让我猜猜看，是什么事情让我家公主如此郁闷呢？"

"爸爸和他的爱人新生了个弟弟。"女儿噙着泪水，带着哭腔说道。

妈妈说："你应该高兴才是！你不是一直都想要妈妈生个弟弟或者妹妹给你吗？这下如愿以偿了。再说你也应该为你爸爸感到高兴，他都50岁的人了，中年得子是喜事，这可是他多年以来的心愿啊。以后，你有了弟弟，又多了一份做大姐的责任，多好啊！"

在妈妈的引导下，孩子懂得了包容和理解，也定位了自己是个有责任和有爱心的人。

为人父母，千万不能把自己的伤痛发泄到孩子身上，而是要抱着理解的心态，做一个慈祥的妈妈，一个合格的爸爸。

🍄 家长不等于父母

现在很多父母，几乎忘记了自己作为父母的义务，而仅仅是扮演着家长的角色。在孩子上学以后，这种情况尤其明显，望子成龙、望女成凤的心态一直紧紧束缚着父母。真正的父母，是可以为了孩子未来的幸福付出一切的人。如果没有这种牺牲精神，把孩子当做满足自己虚荣心和欲望的工具，根本称不上合格的父母。也正是因为这样，孩子承受了太多的压力，才会出现各种各样的心理问题。

我的一位朋友，是个年轻的妈妈，刚大学毕业就奉子成婚了。现在孩子7岁，上小学二年级。她经常跟我诉苦，说孩子一不高兴就特别有攻击性，说起话来也是气死个人，可是打也打了，骂也骂了，孩子来情绪的时候总是故态复萌。她拿孩子一点办法也没有。细问之下我才知道，因为生孩子的时候太年轻，她根本没做好当妈妈的心理准备，生产时又难产，奶水也不足，孩子从小到现在，基本上是奶奶带着睡，吃喝拉撒也是奶奶管着。她也觉得自己没经验，就放手让老人家去做了。孩子六个月的时候，她找了份工作，安安心心上班去了。丈夫和她是大学同学，心理上比她也成熟不到哪去，当了爸爸，还是该玩玩，该睡睡。结果导致孩子跟爸爸妈妈一点也不亲，就黏着奶奶一个人。孩子两岁的时候，他们买了房子，经济压力比较大，心理压力也随之产生。夫妻俩免不了吵架、相互抱怨，孩子在场也不管不顾。有时候，她还会无意识地对孩子说孩子爸爸的不是，要孩子好好读书，出人头地，给妈妈一个无忧的晚年什么的。

我跟她说，这是因为孩子从小缺乏父母怀抱的温暖，安全感严重不足；加上爸爸妈妈吵架还让他看到了，妈妈又跟孩子说爸爸的不是，给他造成了心理上的压力。要知道，孩子对父母的行为是非常敏感的，父母幸福，孩子也会觉得幸福；父母闷闷不乐，孩子也会不快乐。

所以说，就算是为了孩子，妈妈也要尽力和丈夫和睦相处。相比于父爱的厚重，母爱的无私会让孩子对妈妈有更强的依赖性和信任感。这也是为什么孩子在摔倒或者受到惊吓时，脱口而出的是"妈妈"而不是"爸爸"。

🍄 让孩子感受妈妈的真心

妈妈是孩子温暖的港湾。孩子疲惫时，看到妈妈便会感到温暖无比。不管世事如何，保护孩子都是妈妈的职责。

我在新闻里看到过一个真实的故事。故事的主人公患有口吃，从小就受到小伙伴们的嘲弄。他的妈妈对他的关心爱护，也远远比不上后来出生的说话正常的弟弟和妹妹。因为得到的关爱少，他变得越来越脆弱，最终因为忍受不了别人的嘲弄，走上了轻生的道路。他在日记里写到，如果妈妈可以给他多一些关爱，让他感受到妈妈的温暖，他也不会去做这样的傻事。

既然有缘今生成为母子，无论是什么情况，妈妈都要深爱自己的孩子，只有怀着这样的心态，孩子才会有被肯定的感觉。如果作为妈妈的你，曾经不够尽责，那么从现在开始，不惜一切努力地去爱孩子吧。如果因为外表不出众、学习不好、说话口吃、身体不健康被嫌弃的话，孩子进入社会后是很难独立生存的。妈妈不要只想着让孩子改变，而应该抱着孩子，用关爱的眼神看着他，告诉他："妈妈爱你，不管怎样都会保护你。"

🍄 父母应该学会正确应对各种压力

　　导致压力的原因有很多，如厌恶、悲伤、焦虑、不安、痛苦等。在众多的原因当中，厌恶情绪是造成压力的最重要的原因。压力对人的身心健康会产生不良影响，并且还会影响生活中的其他人。压力造成的最直接的后果就是发火。你一定不知道的是，父母经常发火的习惯是会代代相传的。如果不阻止这种遗传，孩子会因为幼时的心理创伤痛苦一辈子。幼小心灵的伤疤会成为很多人一辈子的心理负担。

　　我认识的一位妈妈，是个女强人，因为自己工作忙，无暇顾及孩子。教导孩子的任务，就落在了爸爸身上。慢慢地，爸爸变成了全职爸爸。她一个人赚钱养家，更忙了，经常天南海北地飞来飞去。孩子小学六年级的时候，公司效益不好，突然倒闭了。她虽然得到了经济补偿，但一下子从职场脱离，她的心理不能适应，于是把孩子当成了出气筒，只要孩子考试成绩让她不满意，对孩子劈头盖脸就是好一顿骂。孩子的爸爸说她几句，她就跟孩子爸爸吵起来。

　　在她的重压下，孩子的成绩从班上前十名掉到了二十名以外。老师觉得很奇怪，于是来家访。

　　了解了家里的近况，老师建议她先出去旅游一段时间，舒缓舒缓心里的压力。旅游时，她想了很多，回来以后就跟孩子和孩子爸爸道了歉，然后很快找了一份工作，重新去上班了。上班之后，她又恢复了从前的忙碌。家里的气氛有了好转，期末的时候，孩子的学业成绩也回到了班级前十名。

　　她略带自嘲地对我说："王老师，看来，职场比较适合我，孩子爸爸比较适合教子。"

　　当今社会，各种压力导致人精神紧张。作为父母，一定不能把自己的压力转嫁给孩子，而是要学会自己纾压，绝不能把自己的火气冲着孩子发泄。孩子还小，不能明白大人的压力，只会觉得是爸爸妈妈不爱他们了。

以下是我觉得比较好的两种疏解压力的物理方法：

🌸 深呼吸法

找一个比较安静的地方，站立，眼微闭，全身放松，深呼吸，同时默念"1、2、3"。吸气要深、满，吐气要慢、匀。全身进行放松。还可以将全身所有能控制的肌肉全部绷紧，然后慢慢吐长气，直至全身放松下来。这样可以使血液循环减慢、心神安定，全身会有一种轻松感。

🌸 挤压内关穴法

用一只手的拇指按住另一只手臂的内关穴1分钟，待到产生一定酸麻的感觉后，松开，重复做3～5次，也能够起到一定的放松作用。

此外，还有闭目养神法、自我暗示法、联想法等等，可以因人而异进行。

🍄 现代版"孟母三迁"

瑞典教育家艾伦·凯指出：环境对一个人的成长起着非常重要的作用，良好的环境是孩子形成正确思想和优秀人格的基础。中国古代的"孟母三迁"，说的就是孟轲（孟子）的母亲为了使孩子拥有一个真正好的教育环境，煞费苦心，曾多次迁居的故事。现在其有时用来指父母用心良苦。

我和丈夫刚来到这个城市的时候，经济条件有限，只能租住在城中村的握手楼里。楼下还开了一个麻将室，每天晚上，噼里啪啦的麻将声会持续到凌晨三四点，还夹杂着大声的喊叫和吵闹声。对门住的小两口，也几乎是三天一大吵，两天一小吵。我们觉得倒还能接受，毕竟早出晚归。但等到把女儿接过来上幼儿园的时候，女儿来的第二天晚上就跟我说："妈妈，这里好吵啊，我不喜欢这里，我想回家。"她说的家，是在千里之外的老家，那里房子宽敞，还有青山绿水。我只能耐心地跟她说："宝贝，等过一阵子，爸爸妈妈忙完了，我们搬家好不好？"女儿听了很高兴，后面几天也没再提要回家。周末的时候，对门的小两口又开始吵架了，而且还是半夜。女儿在梦中被乒乒乓乓的声音吵醒了，睡眼惺忪的她带着没睡好的情绪，忽然大哭不止，怎么哄也哄不好，嘴里一直嚷着不要住在这里了，要回家去。

我们好不容易哄到凌晨四五点，女儿哭累了，睡着了。我跟丈夫商量，等天亮了马上去找房子搬家。我们也是运气好，在附近的小区找到了一套小两房，价钱在我们能接受的范围之内，当晚我们收拾收拾，就搬过去了。这虽然是个旧小区，但房子的格局还不错，光线很好，楼下还有个小小的健身广场，而且离女儿的幼儿园更近了，女儿对这个新家感到很满意，我们就安安心心在这里住了两年多。到女儿快上小学的时候，为了给女儿找个好点的学校上学，我们又搬到了一个新的小区。等到女儿小升初的时候，我们再一次搬家，这一次是我们自己真正的家——我们买房了，就买在女儿的初中附近。

现在回想起那些日子，对比现在很多家长，我觉得自己还算幸运的。我的一些朋友，为了让孩子上更好的学校，只得把自家的房子出租，然后全家在学校附近租房住——上小学的时候租小学旁，上初中又换到中学附近，高中如果换了学校，又得重新搬家。在农村更是如此，我的老家，因为上学的孩子少，撤点并校，小学二年级的孩子得到离家七八里的中心小学去读，家长早上早起送到学校，下午放学前再去接。有些家长，为了避免孩子辛苦，不得不在学校附近的村里租了房子陪读。

尽管辛苦，为了给孩子创造更好的学习环境，现代版的"孟母三迁"还在不断上演。

挑选适合孩子阅读的书

满足孩子的读书渴望，家长责无旁贷，但如何给孩子买到适合他们阅读的书，则需要家长花一番心思了。

现在不管是网上书店还是实体书店，少儿图书都是琳琅满目，看得人眼花缭乱。作为家长，有时候还真的无法甄别什么样的书是适合自家孩子的。而且，就算是归类在少儿图书类别下的书，也不一定都适合孩子阅读，加上孩子年龄不同，选购图书时更加需要技巧。

我家女儿上小学二年级的时候，就非常喜欢图文并茂的书，对没有文字的卡通读物也很感兴趣，纯粹看图，她也能读出属于她自己的道理来。带拼音的故事书、科普读物也是她的大爱，所以我就给她买了拼音版的《安徒生童话》《格林童话》《一千零一夜故事》等，她拿起来就不肯放下了。

周末我们出去游玩，她也要把书装到自己的小书包里，休息的时候就拿出来读上一会儿。单单那一年，她的阅读量和知识量就有了突飞猛进的提高。

所以我在这里建议，家长和孩子逛书店时，不妨用心观察一下孩子，看看吸引他的到底是什么样的书籍；也可以站在孩子的角度考虑问题，尊重孩子的选择。因为只有满足了孩子的需求，才能收到满意的效果。还有一个办法，就是留心一下孩子的同学，尤其是孩子的好朋友在读什么样的书。要知道，他们可是最容易相互影响的。

另外，读报也是值得提倡的。报纸上的内容都是当下正在发生的事情，通过报纸，孩子能够了解到非常新鲜的时事。除了报纸之外，为孩子订阅几份好的杂志，也是开阔孩子视野的有效手段，比如《读者》《儿童文学》《少年文艺》等。与图书相比，杂志里的文章都比较短小，也独立成文，孩子很快就能读完一篇，不至于让还没有能力长时间集中注意力的孩子感到厌烦。读杂志对于写作也是益处多多，孩子看得多了，必然变得词汇丰富、语言流畅、逻辑清晰，还愁写不出生动的好作文来吗？

当然，为孩子准备常用的基本工具书也是非常必要的。工具书不仅可以在孩子问出问题时，方便家长和孩子一起寻找答案，满足孩子的好奇心，而且在孩子寻求答案的过程中，会使其成就感得到极大满足。对于一个孩子来说，好奇心和成就感也是提高学习兴趣的最佳法宝。

学习习惯的培养要趁早

对于孩子来说，学习习惯需要从小学一年级就开始慢慢培养。圣人孔子就曾说过，"少成若天性，习惯自然成"，意思是小时候养成习惯就如同天性一样自然。

值得欣慰的是，我女儿自小就习惯早起早睡，所以在进入小学之后，在睡眠问题上我不需要操心。上幼儿园的时候，主要任务就是玩，但小学就不同了，会有家庭作业的任务。上小学的第一天，我就告诉女儿："宝贝现在是小学生了，学生的主要任务是学习。以后我们放学回家后，要先把老师布置的作业写完才可以玩哦。"这样，我每天下班回家的第一件事，就是提醒女儿先写作业，然后再带她出去玩，或者在家里陪她一起玩。

半个学期过去了，女儿一直坚持得很好。有天晚上我临时有事，不能按时下班，就在电话里叮嘱她先写作业。等我下班回到家，女儿已经上床睡觉了，我特意去她的房间翻看了她的作业本，发现该写的作业都认真写完了。看样子，女儿的学习习惯已经养成了。第二天，我非常由衷地表扬了她的自觉。

一个习惯的初步养成需要21天，而一个习惯的基本养成需要3个月。也就是说，要让一个好习惯贯彻下来，需要家长和孩子坚持3个月，而且这3个月最好不

要反复。反复的次数过多，就会前功尽弃。所以说，孩子习惯的养成，其实也是对家长的耐心的一种考验。在习惯的培养过程中，如果孩子做得好要多多鼓励，甚至可以给孩子一点小小的奖励。在这样持续的夸奖中，孩子内心的成就感不断得到满足，自然就转化为学习的动力，即使成绩不能门门拔尖，起码他不会产生厌学情绪。

学习习惯除了按时完成作业，还包括每天的预习和复习、阶段性小结及课外阅读，这些习惯一旦在孩子10岁之前养成，对他以后的学习乃至将来的工作、生活都大有裨益。

寻找让孩子喜欢上学的"吸铁石"

小学生喜欢学习的前提，除了对学习充满兴趣，还有很重要的是热爱学校、热爱老师、热爱同学。所以，我认为，对于这一阶段的孩子，学习成绩不是最重要的，而是要想办法让他爱上学校、爱上学习。

从女儿上幼儿园时起，我就非常注意让孩子多交朋友。每天去幼儿园接她的时候，如果可能，我们会尽量和同小区的小朋友一起走；回家之前，还会在小区里玩上一会儿再分别。因为玩得很开心，每次分别的时候孩子们都恋恋不舍，还相约第二天早上一起去幼儿园。孩子上了小学以后，我经常利用接送她的机会，跟家长聊天，寻找能和女儿玩得来的同学。在征得家长同意后，我们会在学校玩一会儿再回家。没过多久，女儿就有了三四个经常一起玩的好朋友。在学校的时候，课间她们一起游戏；放学后，她们一起玩，交换课外书看；节假日，互相串门或者相约去公园。因为朋友的缘故，女儿经常是周日的时候就开始期待上学了。

让孩子爱上学校，可以从以下几个方面入手：

🌸 第一，让孩子渴望与小伙伴交往。对于小学阶段的孩子来说，同伴的吸引力非常大。他们可以从同伴那里获得认可，或者学到自身没有的东西。跟同伴之间的交往和做游戏是孩子非常向往的。小学期间，在同学中有几个这样的好朋友，就如同有了几块孩子上学的"吸铁石"，孩子会每天渴望去学校见到这些同伴。对于家长来说，这是让孩子喜欢上学的第一步。

🌸 第二，让孩子期盼与老师见面。良好的师生关系，是孩子喜欢上学的原因之一。小学生是很听老师的话的，简直称得上视老师的话为"圣旨"。如果能让孩子喜欢上老师，那么他就非常乐意学习老师教授的东西，并完成老师交给的任务。所以，家长要做的，是想办法让孩子喜欢他的每一位老师。这需要家长留心观察每位老师的特点，把这些特点转化为优点，并经常在孩子面前赞美老师，让孩子也看到老师的这些优点，从内心崇敬老师，只有这样，孩子才会爱上这位老师的课。

🌸 第三，呵护孩子的好奇心和成就感。孩子天生是好学的。两岁左右的宝宝会不停地问："这是什么呀？"三四岁的宝宝会不停地问："为什么呀？"而五六岁的孩子遇到问题会问："这到底是什么意思呀？"这些问题，都只有通过学习彻底弄明白了，他们才能得到满足。

偏科不可怕，但要尽早纠正

偏科不可怕，但如果没有引起重视，随之任之，那么在孩子以后的学习中，可能需要花更多的精力才能纠正过来，甚至花了大力气也未必能纠正过来。所以，孩子的偏科问题，越早发现，越早纠正，才能收到好的效果。

我女儿在三年级开始的时候，做作业速度提升。我基本很少看到她在家做作业，她就是在家做一般七八点前也能完成。尤其是英语作业，我极少见到她在家中做，那段时间也很少见她读英语。每次我问她英语读了没，她都说在看书。我看她在看书，也没太在意。可是一次单元测试，意外的分数刺激了我。我马上找女儿谈心，找到了我们忽略的地方，原来我问她的时候，她看的书都是课外书。从那天起，我们定下规则：每天必须读完15～20分钟英语才可以去读课外书。有了这样的规定后，接下来的英语测验，女儿的成绩眼看着就有了提升。四年级的时候，我又发现女儿数学成绩落后了，于是特别注意跟她玩一些计算游戏和逻辑推理游戏。这样一来，孩子的数学成绩又赶了上来。

事实证明，那些在中考、高考中取得好成绩的孩子，基本上是各科成绩都很优秀的孩子，而且不少是每科成绩不拔尖，但各科成绩很均衡的孩子。而那些偏科的孩子，即使有一两门成绩特别好，也会因为某一科成绩过低而严重拖了后腿，导致无法考上理想的学校。

如何纠正孩子偏科

对于小学时期的孩子来说，偏科并不是"不治之症"，此时，防患于未然是再好不过的。

我认为家长可以从以下几个方面入手：

第一，及时鼓励孩子，帮助孩子树立自信心。家长平时要注意观察孩子，及早发现孩子的潜在优势和弱势，在发挥孩子优势的同时，也要留意孩子在弱势学科上的点滴进步，及时给予孩子鼓励，使孩子的自信心得到呵护。

第二，发现孩子偏科，及时进行针对性的辅导。需要注意的是，对于孩子的弱科，家长一定要注意知识的基础性和方法的趣味性的培养，因为这是保证孩子兴趣和自信的前提。基础知识可以帮助孩子逐步积累成绩，积累到一定程度，孩子的成绩自然会提升，自信心也会随之建立起来；而趣味性是激发小学生学习兴趣的重要因素，兴趣是最好的老师，孩子对某件事情产生了兴趣，才能取得更好的效果。另外，针对性辅导一定不能急于求成，或是赶鸭子上架，否则可能让孩子对该学科产生抵触心理，适得其反。

第三，主动跟老师沟通，让老师帮助激发孩子的学习兴趣和热情。前面已经说过，小学生是非常听老师话的，如果好好利用老师这个资源，请老师积极配合，一定能取得事半功倍的效果。

第四，继续保持优势科目的领先地位。在弥补不足的同时，家长一定不能影响孩子较强的科目。对于孩子来说，让他在某一方面有突出表现，是非常有利于自信心的保持的，而自信心能够帮助孩子对弱科进行赶超。而且，即使弱科不能真正弥补，至少孩子有自己独特的优势，说不定就是凭着这独特的优势，孩子也能够成为某一方面的人才呢。要知道，拥有一技之长也比处处平庸要好啊。

六、 建立平等、和谐的亲子关系

　　和谐的亲子关系是有效沟通的基础，良好的亲子关系是最好的教育。如果家长满足了孩子的心理需求，孩子便会很好地回报家长。相信作为从小陪伴孩子长大的家长，是能够扮演好孩子的"心灵营养师"的。

用心与孩子沟通

　　和谐的亲子关系，需要家长和孩子用心交流。首先，家长要有时间跟孩子沟通；其次，家长需要了解孩子，并寻找出适合自己家孩子的亲子沟通方式。二者有机结合，才能达到促使孩子健康、快乐成长的目标。

　　有些父母会听孩子谈在学校的一些见闻，还会跟孩子聊自己在外面看到的好风景，而且还会跟孩子约定一起玩游戏、一起剪草坪、一起修理电器、一起做家务等，这样孩子就会跟父母的关系非常融洽。

多给孩子提供发泄不良情绪的渠道

　　情绪有正面和负面之分，正面情绪包括高兴、兴奋、宁静、满足、轻松等，负面情绪则包括伤心、沮丧、失落、迷茫、烦躁等。

　　正面情绪固然是好，但负面情绪也是人生必须要面对的。每个人都会有闹情绪的时候，我们大人都不可避免，何况是还没有学会管理情绪的小学生。小学生闹情绪，绝大多数的原因是和朋友闹别扭、挨了老师批评、考试没考好、跟父母发生了冲突等。

我女儿班上有个同学叫黄炜皓，在一次诗歌朗诵会的排练中，有一组动作需要他来做。因为他从小就有一点微胖，在表演时，动作没那么协调。指导老师要求他反复练习，经过十多次的练习，效果并不尽如人意。在同学们的催促中，他也略显烦躁，不太愿意配合做了。终于他说出了他的心里话："为什么要做这个动作，是否可以换一个姿势？不然我就不上台了！"

所有的人都非常诧异。我听完孩子的申诉后，觉得应该先倾听一下他的心声，于是决定按他说的去做，结果很顺利地完成了任务。更为关键的是，他表达了情绪后，有助于他做一个真实的、坦诚面对自己内心的孩子！

"王尼玛"到底是谁

现在我们身处在网络时代，家里几乎是人手一部智能手机，还有电脑、iPad，时时刻刻都离不开网络。

我记得有一次朋友聚餐，大家都在说网络对孩子不好，尤其是手机的坏处。一个叫彝伦的小学生却当场给我们上了一课，他说："你们大人老说上网不好，其实网上能解决很多问题，比如我看《星际穿越》，就上网查了很多关于时空扭曲、虫洞、黑洞的知识，所以那部电影我才能看懂。"

我认识一个家长，他是媒体人，跟儿子的关系非常好。我经常见到他们父子一起看网剧《王尼玛》，一起学说那里的台词。我觉得这是对了，跟孩子一起玩，才能进入他们的世界。家长要跟上孩子的脚步，也就是跟上了社会的脚步。

尊重孩子的天分

孩子的天分，简单地说，就是孩子智能方面的突出表现。在选择兴趣班时，家长要从孩子智能的方面去确定孩子是不是学习该课程的材料，再决定上不上。如果在教育孩子的时候能够考虑孩子拥有的智能优势，就可以培养出在某方面表现优秀的人才。

我有一个朋友，是电视台的记者，他的妻子是学医的。他们的孩子在两岁多的时候就非常喜欢写写画画，于是他们就买来五彩的颜料，在家里的一面墙贴上白纸，让孩子尽情画画发挥他的想象力和创造力。等到孩子上幼儿园以后，因为创意很好，孩子的画经常受到老师表扬。他们给孩子报了一个绘画兴趣班。在班上，他的绘画才能得到老师和同学的一致认可。参加学校的绘画比赛，年仅四岁的他超越了比他年长的哥哥姐姐，获得了唯一的金奖。等到孩子上小学的时候，因为绘画方面突出的表现，他被一家双语实验小学破格录取。

现实生活中，我们经常会看到有孩子含着眼泪被家长逼着参加各种兴趣班，也经常听到家长诉说孩子半途而废放弃兴趣班而且再也不愿见到相关的老师。这大多是家长在给孩子选择兴趣班的时候，没有考虑孩子的天分，盲目跟风，心血来潮地随便报个班造成的。

因此，为了孩子，还请家长们在报班之前，多留心观察下孩子是否具备该方面的智能表现。明智地进行智能开发，才能使孩子获得最终的成功。

尊重孩子的性格和兴趣

西晋文学家左思是太康年间最杰出的作家，其《三都赋》颇被时人称颂，造成"洛阳纸贵"。左思年少时，他的父亲一心想让儿子成为书法家，请来名师主教，左思却毫无兴趣，怎么学也写不好。他的父亲转而让他学弹琴，但左思缺少必要的领悟能力，学了许久也弹不出像样的曲子。后来，其父发现左思内向多思，偏爱文学，便让他改学诗赋。结果左思如鱼得水，最后成为著名的文学家。

针对孩子不同的兴趣、爱好，建议家长可以这样做：

🍄 如果你家的孩子喜欢打打闹闹，很有活力，好动，注意力不够集中，常常不是在跑就是在跳，即使在吃饭的小小间隙也不消停，那么可以试着让他去参加运动方面的兴趣班，如跆拳道、游泳、轮滑。这类兴趣班在释放他们激情的同时，也可帮助他们在运动中学会掌控自己、约束自己，反而有利于他们日常安静地学习。

🍄 如果你的孩子喜欢动手，比较有耐心，并能完成技巧较高的活动，如拆装汽车、串珠子等（虽然这类活动在孩子们的游戏中常常出现，但只有为数不多的孩子能坚持到完成任务），可以让他们参加一些手工方面的兴趣班，如书法、编织、珠算等，帮助他们在拓展个性的同时，学到一些技能。

🍄 如果你的孩子在人越多的场合表现得越活跃，越希望自己是主角，而且他们也有能够吸引更多人注意的能力，譬如丰富的表情、手舞足蹈的样子以及高亢的声音等，那么这类孩子适宜到表演、主持、舞蹈等兴趣班去学习。

🍄 如果你家的孩子属于内向、文气、安静的宝宝，特别喜欢拼图、搭积木之类的游戏，那么可以让他参加围棋、数学或科学实验等兴趣班。

🍄 如果你的孩子特别喜欢唱歌、听音乐，节奏感也比较强，有时突然听到电视里传来一段音乐，立即会跟着唱起来，并且喜欢学说大人的话，那么这类孩子适宜学故事、相声、声乐或乐器。

由此可见，兴趣也是选择兴趣班的关键因素。建议家长为孩子选择兴趣班时，事先征求一下孩子的意见，看孩子是否对该课程感兴趣再做决定。其次，家长在平时也需要注意观察孩子的兴趣、爱好及性格特征，以此为依据给孩子选择合适的兴趣班。

🍄 重视兴趣敏感期

孩子的兴趣、爱好有时候是阶段性的。孩子在不同的敏感期会表现出不同的兴趣、爱好，而且每个孩子的敏感期出现的时间并不相同，因此家长必须以客观的态度，细心观察孩子的内在需求和个别特质。

我女儿五岁的时候，看到班里有小朋友因为会弹钢琴而被老师点名弹奏时，感到非常羡慕。她跟我说："妈妈，我也想学钢琴。"可是我们那个时候经济能力和精力都有限，别说买钢琴，就是送她去钢琴兴趣班都不行，所以就含糊其词，跟她说过阵子再说。女儿上二年级以后，我们家的经济条件有了改善，我想让女儿也学一门乐器，陶冶下情操。但当我们跟女儿说起这个话题的时候，她却拒绝了，她认为学弹琴太费时间了，有这时间还不如多看一本书。我们尊重了女儿的意见，再也没跟她说过学习乐器的事情。如果用敏感期来解释，女儿五岁的时候是处在音乐敏感期，但上二年级的时候，已经进入阅读敏感期，对音乐不感兴趣了。

所以说，在给孩子选择兴趣班的时候，孩子的兴趣敏感期也是一个很重要的参考点。如果没有把握好敏感期，如果该阶段的敏感期过去了，家长是很难激起孩子对某方面的兴趣的。家长一定要细心观察，在孩子处在该敏感期的时候，给他选择他最感兴趣的兴趣班，以免留下无法弥补的遗憾。

🍄 和孩子合作写作文

现在的小学生，从一年级起就开始学习看图写话，二年级的时候就要求写简单的看图作文，也有了写日记的课后作业了。可是，才开始学校生活一两年的孩子，认识的字有限，书面语言的表达能力也是非常有限的。所以当他们想要写出一些特别的想法和记录下生活中一些有趣的事情时，常常是心有余而力不足。

我的一位朋友，在孩子上二年级的时候，看到孩子写日记不知道从何下笔的时候，是这样做的：她让孩子口述，她在纸上把孩子的话都记录下来，记录的过程中，她不发表任何意见，孩子说完以后，她把记录下来的文字读给孩子听，在听的过程中，孩子往往还会有别的话要说，她把这些也补充了下来，再读给孩子听，如此反复几次，直到孩子觉得写的都是自己想说的了，再让孩子自己动笔来写。在和孩子的互动过程中，如果发现孩子用了好词、新词，她会及时露出赞赏的笑容或者直接给予口头表扬。在她的指导下，孩子的作文水平一天天提高。孩子经常代表学校参加各种作文竞赛，到小学毕业的时候，获得的奖状，不下二十张。

这位妈妈的做法是非常值得借鉴的。此外，和孩子合作写作文，家长还可以采用以下的方法：

🌸 给孩子几个关键词，启发孩子思考，让孩子在关键词的基础上自由发挥自己的想象力和创造力。如写去植物园，家长可以给孩子这样几个关键词"花""小草""树""叶子""水""小鸟"，让孩子用他自己的语言把这些词语扩展成一篇小作文。

🌸 跟孩子玩文字接龙的游戏。当发现孩子努力写了一半的日记写不下去的时候，家长要帮助孩子补充完整；可以写在其他纸上，让孩子读爸爸妈妈的文字寻找灵感，再组织自己的文字；也可以直接写在孩子文字的后面，但备注上是家长的补充。当看到自己想要表达的场景在爸爸妈妈的笔下是如何自如呈现的，孩子自然会学着去模仿、创新，这对保持孩子的写作兴趣是很有帮助的。

七、 如何给孩子做好小学规划

6~12岁这一阶段也是孩子上小学的时期。小学是孩子成长的重要起点。这六年里，父母的行为和教育方式，可能会影响孩子后面的几十年。这个年龄段的孩子们，可能遇到什么问题，而父母又应该如何应对呢？

🍄 怎样培养孩子读书的习惯

升入小学后，孩子面临的第一大难题就是学习问题。一方面，当下我国仍以应试教育为主，大众普遍重视学习成绩，常以成绩好坏作为一个人优劣的评判标准，导致父母对孩子的学习成绩高度关注。另一方面，从孩子的角度来看，升入小学之后，学习活动逐步取代游戏活动，成为孩子主要的活动形式；孩子不仅学到了更多知识，也在学习的过程中获得、掌握了基本的读写算技能及学习的策略和方法，提升了智能，锻炼了个人意志……总之，孩子的各项心理能力通过学习活动都得到了锻炼和提升，这是其他活动所无法取代的，这也正是学习带来的益处。可是因为孩子上学，父母上班，父母和孩子每天待在一起的时间有限，父母不自觉地会将大部分精力放在关注孩子的学习上，这也成为亲子间的主要矛盾。

有的家长抱怨道："我的女儿现在读小学一年级，着实对学习不感兴趣，一提学习、作业就头疼，软硬兼施皆无效，我不知道该怎么办。"

与幼儿园相比，小学对孩子来说限制太多，乐趣很少——每天大部分时间要做的就是规规矩矩地坐在教室里，被动地接受老师填鸭式的灌输教育，剩下的时间还得奋战于作业中，对此，很多孩子是不适应的。相比于游戏活动而言，学习的过程是枯燥乏味的。若是学习活动再不具吸引力，可想而知，孩子怎么会对学习感兴趣呢？

可见，对于小学低年级的孩子来说，父母关注的重点不应是孩子的成绩，而应放在如何引导孩子认识学习的意义、激发孩子的学习兴趣、帮助孩子掌握恰当的学习策略等方面。所有这些因素都将影响孩子的学业水平、对知识的掌握程度。总之，父母应该引导孩子，去与"学习"更和谐、更快乐地相处。

再如，一位妈妈求助孩子不爱上学的方法：

"孩子上小学二年级，有一次我送他到校门口，他说又要进那扇痛苦之门了。我问他上学哪里痛苦了，他说上课无聊，午饭难吃，放学回家还要写作业，等我下班回家还要盯着他做作业，每天都这样，生活一点乐趣都没有。我听了很难受，他的数学和英语的成绩中等，语文差点，考试经常勉强合格。平时周末我们一直带他出去玩，想排解一下他学习的苦闷。可孩子往往每到周日晚上，想到周一要上学就是一副无精打采的神情，搞得我也很郁闷。有什么办法能让学习变得快乐起来吗？"

研究表明，孩子越小，外部因素对孩子学业的影响越大。之后随着年龄增长，孩子才会慢慢从内部寻找动因和推力。如对于低年级孩子来说，父母的及时反馈、合理的奖赏，老师的夸奖，同伴之间适当的竞争等都可能激发孩子的学习动机，引起孩子的学习兴趣。只有到中高年级，孩子才可能养成自主学习的习惯。直至五六年级，孩子才可能形成长远的寻求自我发展的内部动机，能自动自发地学习。

可见，小学低中年级的孩子，特别是刚上小学的孩子（这时的孩子还处于他律阶段），需要父母多一些积极引导和督促。

父母通过陪伴向孩子传递积极关注的态度。有的家长一边盯着孩子做作业，一边闷头玩手机，却要求孩子字迹工整、态度端正。相信这种情况下的孩子对父母手中手机的兴趣会比对课本、学习的兴趣大得多。

鼓励孩子养成好的习惯，如按时、自觉、认真地完成作业。帮助孩子明确学习目的，并使他的活动服从这一目的，有助于孩子在完成学习任务的过程中，锻炼孩子的意志，这对孩子个性的发展有重要意义。

孩子遇到问题时，家长要引导孩子寻找解决方法，激发孩子勇于挑战困难、不惧难题的信心。一位家长抱怨说，自己的知识都还给老师了，孩子一二年级的知识自己还能给他辅导辅导，三四年级就已经看不懂了；孩子有问题，自己根本不知道怎么帮他。其实父母的作用不是给出问题的答案，而是引导孩子思考、寻找解决的办法。如孩子遇到难题了，父母不妨让孩子讲一下自己的思路，回想一下老师是怎么解决的。可能在阐述自己思路的过程中，孩子就突然茅塞顿开了。

帮助孩子在学习的过程中寻找乐趣、获得成就感。很多孩子对学习没有兴趣，大都是觉得所学东西没有多大用处，或与自己的生活没有多大关系。父母不妨帮孩子找到他的兴趣点，如一开始学拼音，孩子觉得没有意思，父母不妨给孩子买一些简单的注音故事书，让孩子通过拼读拼音来完成读故事的过程，从而激发孩子的兴趣。

在孩子遇到问题时，及时与老师沟通，有助于有效解决孩子的问题。孩子对于自己喜欢的老师会更加尊重和依恋，也更愿意遵从老师的引导，好好学习。老师对孩子态度或评价的好坏，会影响孩子对学习的态度。

🍄 父母要关注儿童的同伴交往

入学后，孩子与父母在一起的时间逐渐减少，与老师、同伴在一起的时间逐渐增多。同伴关系和师生关系对孩子的影响也逐渐增大，它们也逐渐成为孩子寻求安全感和社会支持的重要源泉，也是父母判断孩子是否适应校园生活的重要标准。需要注意的是，孩子自身的行为特征和社会认知也会影响孩子与同伴的交往。对此，父母应该有一定的认识，孩子与同伴的关系不是一成不变的，而是逐步发展的。父母要做的是，在遵从孩子发展规律的前提下给予科学引导。

如一位妈妈这样说：

"我家孩子上小学三年级了，从小体弱多病，是个文弱小书生。他在学习上我一点都不操心，但比较担心他的人际关系。之前，他的同桌是个文静的小女生，两人在一起玩，小女生总是听他的，两人相处得还挺好的。但是最近班里做了一次桌位大调换，他的新同桌是个霸道的小男生，总是要求我家孩子听他的。我发现孩子学得皮了，有时还说脏话，我担心孩子变坏，想找老师帮他换个同桌，但不知这样做是否恰当？"

生活中经常会看到一群小孩子跟着某一个小孩跑来跑去，对他言听计从，见此情景父母大多会焦虑地对自家孩子说："你怎么总跟着别人跑，自己没主见呢？"潜意识里，父母们都希望自己的孩子是那个掌控社交主动权的人，在他们看来，被领导就是懦弱、没能力的代名词。其实，父母这是在用"功利化"的观点看待孩子的同伴交往。对孩子来说，人际交往、社会化是成长的需要。成为群体中的一部分、寻找到适合自己的位置、获得社会和他人的认同才是最重要的，不同阶段的同伴交往都是社会化过程中的不断摸索和尝试。

比如说，在学前期孩子看来，在一起做游戏的就是朋友。而6~12岁的孩子，已开始意识到自己和他人会有不同观点，但还不能理解产生这种差异的原因。他们仍会从自身出发考虑问题，表现在同伴交往中，他们会认为，个人所做的正是他们所想的，自己如此，别人也是如此；对待友谊，他们会要求朋友的服从，认为服从自己愿望和要求的就是我的朋友，否则就不是朋友。

小学中年级的孩子会逐渐认识到自己和他人的观点是会有所冲突的。到高年级时，孩子才会同时考虑到自己和他人观点的差异，会从他人角度考虑问题。这时的孩子会更强调互相帮助、有共同爱好等。可见，对孩子来说，寻求同伴的过程也是孩子自我意识发展的过程。

需要注意的是，同伴是孩子学习和模仿的榜样，且随着孩子的成长，同伴影响越大。父母若发现孩子在学习方面出现了许多消极情绪，或许最该做的，是去关注孩子的社交生活，关注孩子的交友情况。

平日里，父母更有必要为孩子慎重把关，积极引导；一方面，帮助孩子认识自己的优缺点，并引导孩子扬长避短；另一方面，不过多干预孩子与同伴的交往，切忌对孩子引以为豪的朋友过度批判，而应该注重引导，从多角度评判同伴关系，客观认识同伴的优缺点，同时引导孩子发掘同伴身上的内在魅力。

另外，父母可鼓励孩子多参加有意义的社会团体活动，如兴趣小组、社会公益服务小组。这既丰富了孩子的业余生活，也让孩子接触到更多不同的人群，且积极的社团氛围和导向，有助于培养孩子良好的人格、品质。

🍄 父母必须学会和老师沟通，而且应当是有效沟通

师生关系，是孩子上学后需要面对的一个重要人际关系。调查发现，小学老师在孩子心目中是最具权威性的。因此，父母帮助孩子处理好与小学老师的关系，非常重要。

值得注意的是，与幼儿园老师不同，小学老师更关注孩子的学习，肩负着向孩子传递科学知识和社会技能的重任，因此这个阶段的老师会更严格一些。同时，小学老师在对孩子学习兴趣的培养和激发中也起着非常重要的作用。老师还对孩子的学业、品行等起着评价和监督作用，这也就是很多父母反映的"老师说一句比家长说十句都好使"的原因所在。

中科院心理所博士罗静女士研究发现，小学生与老师的关系兼具亲密性、反应性和冲突性的特点，即这个阶段的孩子对老师大都充满了崇拜和敬畏之情，同时，一点小事也会影响孩子对老师的看法，产生消极反应。正如上面所说，孩子正是因为在喜欢的老师那里受了挫折，觉得老师处理不公，才导致不爱上那门课。孩子十分重视自己喜欢的老师对自己的评价，对喜欢的老师常报以积极反应，愿意上老师的课，老师布置的作业、安排的事情做起来会更认真、更专心……反之亦然。从中，我们可以看

出，孩子对老师的态度中有很大的情感成分，因此对老师的评价会不太客观，父母在帮助孩子处理师生关系的时候要注意这点。

克服"厌学症"

　　在某个家长课堂上，教育心理专家给在座的家长提出一个问题：如果你发现孩子总写错字，或对某个公式运用不熟练时你会怎样做？回答这个问题的大多数家长表示，要给孩子增加练习题，在重复的练习中增强孩子的记忆力。

　　专家对家长的回答是否定的。理由是，孩子写错字、不会运用公式不是机械记忆不足造成的，而是对所学内容缺乏理解。当错误重复千百次之后它依然是错误，错误的强化会干扰正确知识的构建，并且让孩子在无休止的练习中体验到学习的被动、枯燥、无奈。学习成绩与耗费的时间不能形成正比，孩子会在持续的挫折情境中产生学习能力低下的自我负面评价。谁愿意面对这样的评价？孩子直接采取的行动是逃避学习，逃避学习就可以摆脱这种评价。"不想上学了"是此时此刻孩子心里喊出的声音。为什么家长会不约而同地选择加大练习量作为强化学习的手段？一是与家长对学习的理解有关。许多家长认为知识是陈述性的，学习就是把课本上陈述出来的知识记住，因此要求孩子一遍遍地加强记忆学习，以求在考试时他能够记起已学过的知识，得到高分。二是强化记忆在家长看来比意义学习容易得多。意义学习要求家长对孩子的学

习理解程度进行探究，找出孩子没有理解的知识点，启发、引导孩子理解所学的知识，有意识地提高孩子的理解力。做到这一点，要求家长具备更高的学习能力和探究能力，还要有耐心和责任感，才能投入时间和精力去与孩子探讨问题。

🍄 增加孩子的课外阅读量

事实证明，读书多的孩子词汇量更丰富，而语言积累是写作的重要基础。要积累词汇量和增强语言表达能力，需要扩大阅读，背诵记忆。我国有名的散文家和新闻理论家梁衡先生不止一次地重申，背书是写作的基本功。文章相宜，只有善于向前人借词、借句、借气、借势，才能翻出新意。

在"让孩子有书读，让孩子读好书"一节中，我提到过一个朋友的孩子：因为他的父母从小就培养他读书的兴趣，他上小学的时候，俨然是一个学识最渊博的"小博士"，所写的作文，经常被老师拿来当做范本读给同学们听。

要增加孩子的课外阅读量，家长需要了解古今圣贤推崇的人类文化积淀的经典著作，了解当代文学动向，能给孩子开具出一份含有古今中外文化精华的必读书单（这种书单，现在可以在网上搜索获得）。

🍄 成绩与成功和幸福并没有绝对的联系

在生活中，无数的事例证明，学习成绩与个人以后成功与否、幸福与否并没有绝对的联系。

我的一位小学同学，上学时论成绩是倒数，但动手能力很强，经常把家里的有限的电器拆了又组装起来，还会用铁丝制作各种模型。他的父亲是个机械工程师，对于儿子的这种爱好给予了很大的支持，对于他的成绩倒觉得无所谓。所以我的这位同学，从来没有因为分数的事情受过父母的责罚。他小学毕业的时候，因为父亲工作调动，全家迁到了很远的地方，我们再也没有见过面。直到我们小学同学毕业三十周年聚会的时候，我才又一次见到了他。这个时候的他，已经是一家机械制造公司的总工程师了，而且是最年轻的总工程师。

八、 小学阶段什么才是最重要的

所有家长都知道小学阶段的重要性，但是小学阶段的学习也是让家长最头疼的：抓得紧一点吧，怕累着孩子，更怕孩子在压力之下失去学习兴趣；追求快乐教育吧，还有点没底气，怕孩子瞎玩好几年最后一无所获。

🍄 比成绩更重要的是收获

对于处在小学阶段的孩子来说，学校教育和家庭教育有机结合，才能帮助他们不断进步。在学习问题上，如果家长只重视分数，那么孩子也只会应付分数，甚至弄虚作假来应付家长；如果家长重视的是孩子的收获，那么孩子也会更重视在学习过程中学到了些什么。

知道错在哪里，比分数更重要。分数也许意味着孩子学到了什么，但比起分数，让孩子知道错在哪里更重要。由此可见，关注孩子的收获，比关注孩子的分数更能帮助孩子进步。家长如果发现孩子在学习中存在问题，并能够采用一些独特的方法帮助孩子认识到错在哪里，比跟孩子反复讲解习题更有效果，孩子也能得到更有意义的收获。当然，在孩子取得进步的时候，哪怕只是点滴的进步，家长也要及时说出来，肯定孩子的努力。

需要注意的是，无论是帮助孩子还是夸奖孩子，都要具体描述整个事件，让孩子明白地知道自己在什么地方存在问题，并有针对性地解决；什么地方做得已经很好，应该好好坚持；什么地方有欠缺，还可以做得更好。这比平时不过问孩子的学习，考试成绩出来以后光盯着分数要好得多。因为孩子的收获是学习的过程，而不是分数的简单取得。如果孩子平时把该学的都掌握了，自然而然会体现在成绩上。

所以说，就算孩子学习成绩真的不好，他在学习上也是有收获的，这种收获不一定体现在分数上。作为家长，要做的就是挖掘孩子身上的闪光点，唤醒孩子的潜能。要知道，孩子的力量是非常强大的，只要给他机会，他就会自然而然地成长，并且这种成长是不可阻挡的。千万不要拿孩子的短处去和别的孩子的长处作比较，硬逼着孩子去做他不擅长的事情。

🍄 放手让孩子独立，他才能长大

孩子其实比我们想象的要有力量。家长要学会放手，让孩子以他们自己的方式长大。我们需要做的，是多陪伴孩子，在适当的时候给予指导，而不是把自己的意志强加给孩子。这里给家长一些建议：

第一，放手，给孩子锻炼的机会。现代家庭中，大多是一个孩子，全家人都围着孩子转，把过多的注意力集中在孩子身上。殊不知，对于孩子来说，这样做会限制他们的自我成长，使孩子养成对父母的过度依赖，等到将来他们真正需要独立的时候，常常觉得无所适从。而且，这样也使得孩子到

了青春期自我意识增强、真正想摆脱父母的约束时，跟父母产生矛盾和冲突。对于父母来说，则需要承担孩子该长大时却不能长大的风险。因此，作为家长，一定要认识到孩子有着非常大的能力，他们完全可以照顾好自己。

孩子终究会长大，终归要独立面对人生的路。所以，家长要学会从小放手，给孩子锻炼的机会，孩子才能成长为独立的、自信的、负责的人。

第二，给孩子选择的权利。孩子是一个当机立断的人，还是一个优柔寡断的人，并不是天生的，而是在成长的过程中逐步发展成的。我们生活中的很多小事情都可以让孩子来决定，而不是给个现成的答案，让孩子被动地接受。这样做就是为了让孩子成长为一个有主见的人、一个对自己负责的人。孩子将来进入社会，肯定会遇到很多十字路口，因此，家长从小给孩子选择的权利，让他多做选择的练习，才不至于到了选择专业、职业、生活方式乃至人生伴侣的时候感到迷茫，而是能够理智、主动、从容地做出选择。

TIPS

暗示教学法

暗示教学法指运用暗示手段，激发个人的心理潜力，提高学习效率的方法。这种教学理论是保加利亚的心理治疗医生乔治·洛扎诺夫（又称格奥尔基·洛扎诺夫，Georgi Lozanov）在二十世纪六七十年代创立的。

洛扎诺夫的暗示教育理论出发点有3个：

1.愉快：在心理上放松和没有负面情绪（如害怕、紧张、疲劳、厌烦）的状态下学习。

2.有意识和无意识的统一：以语言和非语言交流、浅皮层和深皮层活动、生理和心理作用、理性与情感等结合的方式学习。

3.暗示作用：通过消除学习障碍的暗示和激发潜能的暗示达到对象之间积极的影响。

🍄 让孩子从小建立健康的交友观念

如今，大众媒介中不乏关于"爱"的镜头，这对孩子是一种无形的诱导。孩子往往会去模仿，模仿过头就会出现问题。

女儿五年级的时候，班上有个小男孩，每天在学校追着她，说喜欢她，还经常往她的抽屉里塞各种好吃的。女儿被追得没办法，晚上聊天的时候悄悄问我："妈妈，我该怎么办？"

我问她："那你喜欢他吗？"

女儿思索了一下，坚定地摇头："不喜欢。"

"为什么不喜欢呢？"

女儿掰开手指头开始数："他学习成绩一点都不好，校服领子也脏兮兮的，还老欺负他的同桌。"

女儿一本正经的样子差点逗得我笑出声来，但我知道我这会儿不能笑，于是假装镇定地跟她说："如果你不喜欢人家，就明明白白告诉他，让他死了这条心。"

"我早就拒绝过他了，可他就是不听啊。"女儿皱着眉头，很苦恼的样子。

我摸摸女儿的头，说："如果你一直拒绝他，相信过段时间，他就会转移目标的。"

女儿似信非信地点点头。

我心里一动，又问了一句："你不喜欢这样的男孩子，那你有喜欢的男孩子吗？"

女儿脸突然就红到耳朵根了，低声说："有。是我们班长。"

"是个什么样的男生呀？"

女儿又掰开手指头开始数："他学习成绩很好呀，而且我有不懂的问题，他一定会很耐心地讲给我听，直到我弄明白。还有还有，他也经常送小礼物给我。"女儿把书包打开，拿出来一个小兔玩偶，"妈妈你看，这就是他送给我的，说是暑假出去旅游的时候买的旅游纪念品。"

我点点头，跟她说："人家既然学习成绩好，你要多向人家学习。你有好的学习方法，也可以跟他分享哦。"

过了大概个把月的样子，女儿告诉我，那个追他的小男孩不再追她了，而是去追隔壁班另外一个女孩了。而她之前喜欢的男孩子，现在也不喜欢了，因为她觉得，那个男生虽然学习成绩好，各方面也都比较优秀，但个子比她矮，走在一起会让她觉得没面子。这么大点儿的孩子，知道什么是面子啊。

所以说，大多数时候，小学时期男女同学之间交往是比较正常的，就算孩子们说班上某同学和某同学"谈恋爱了"，家长也没必要太过于紧张。这种"爱"往往都是昙花一现，很快就会过去的。而家长需要做的，是告诉孩子男女同学之间交往的界限，让孩子从小建立健康的交友观念。

🍄 让孩子内心的愿望在现实生活中得到满足

现在，网络成瘾已经成为了小学生群体中一个非常严重的问题，让许多家长和老师头痛不已。

网络游戏之所以吸引孩子，是因为游戏商在制作程序的时候把孩子渴望得到认同和赞赏的心理因素充分考虑了进去。在这个虚拟的世界里，只要孩子获得一点点成功，就会得到欣赏、肯定和鼓励；而当孩子失败，系统则会说："没关系，再来一次！"正是由于这种激励模式，孩子的好奇心和成就感不断得到满足，自信心也不断增强，当然是欲罢不能了。

反观一下，在现实生活中，很多家长一味追求高分，认为孩子拿高分是理所当然的，还经常拿孩子跟别的成绩更好的孩子做比较。

我曾经有一个朋友，就很喜欢问我女儿的成绩。如果我女儿分数比她儿子低，她就表现出非常得意的样子；如果我女儿分数比她儿子高，她就马上对身边的儿子说："看看人家，再看看你自己，下次要是分数没有提高，你就不要回家了。"我担心这种比较心理会影响女儿，就渐渐地跟她疏远了。我听说她儿子初中的时候因为沉迷网络而成绩一落千丈，勉强读完高中就不愿意上学了，被她强押着去读了职业学校，毕业后觉得这辛苦那又远，至今在家待业。

所以说，作为家长，一定要学着了解和分析孩子的心理世界，不要只看到分数，而是要看到孩子为了分数付出的努力；当孩子有了进步，一定要及时给予鼓励，让孩子觉得在现实生活中得到了欣赏和肯定，才不至于去虚拟的网络中寻求心理满足感。

除此之外，家长还应该针对孩子的性格和兴趣，培养他一些业余爱好（如读书、下棋、打球、写字、画画等），以丰富课外生活。周末和节假日的时候，家长可以带孩子去郊游，去图书馆，去博物馆，去看展览等。

九、 扩展阅读

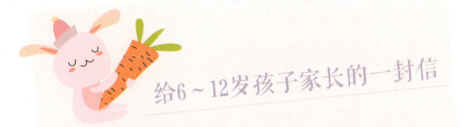

给6～12岁孩子家长的一封信

亲爱的家长们：

6～12岁的孩子，会经历一个从童年到少年的成长旅程。我们看着孩子一天天长大，从顽皮到青涩，从垂髫到豆蔻，我们感受着其中的幸福，同时更要帮助孩子健康成长。

给这个阶段孩子的家长们的建议有：

1. 用心呵护孩子，而不是严加斥责。尤其是学会暗示教育，积极正面引导和激励。

2. 成为孩子的好朋友，主要是要让孩子保持对新生事物的好奇心和探索精神。

3. 建立和谐的亲子关系，这既是陪伴孩子成长，也是在为孩子青春期与父母的友好关系打好基础。

4. 关注孩子的学习，但不是过度要求成绩，培养好的学习习惯更关键，多给予鼓励，就是培养学习自信心的最好途径。

5. 鼓励孩子多交同龄的朋友，培养孩子阳光、坦诚的性格；鼓励孩子多参加体育运动，多参加社团及兴趣表演活动，培养孩子的综合素质。

第四章

12～18岁，成长的
快乐与烦恼

　　青春期是孩子由儿童向成年人过渡的时期，也是人身心变化最为迅速而明显的时期。这一阶段的孩子，正处在生理、心理、思维快速变动的时期，由于自尊、自立、自强的心理活动，行为的自觉性有所增强，自主意识逐步发展，但愿望与能力存在矛盾。

一、青春期心理活动千变万化，丰富多彩

高质量的睡眠对宝宝的成长发育起着十分重要的作用。如何才能让宝宝睡得香甜，是每个爸爸妈妈都关注的问题。

🍄 成长的过程有喜悦有烦恼有困惑

青春期是个体生长发育的鼎盛时期，这个时期，身体和生理机能都发生了急速变化，成为生长发育的高峰期，也就是第二加速期。这个时期，少年的身高、体重、肩宽、胸围都发生了非常明显的变化。

青春期少年的生理机能也迅速增强，肌肉与脂肪的变化，使男生肌肉强健，女生身体丰满；大脑与神经系统逐步发育成熟。

经历青春发育期的加速成长，青春期少年的体型和面部特征都发生了明显的变化。通过这些变化，他们的体貌特征开始接近成人。

第二性征是指身体形态上的性别特征，也称副性征。女性第二性征主要表现为乳房隆起、体毛出现、骨盆变宽和臀部变大等；男性第二性征主要表现为出现胡须、喉结突出和嗓音低沉、体毛明显等。第二性征的出现，使少年男女在体征上的差异凸显出来。

这种生理的变化使男孩子感受到力量的快感，女孩子感受到容颜光鲜的兴奋，所以孩子们开始比身高、比发型，这就是身体发育带来的喜悦。

🍄 青春期也是个体心理发生剧烈变化的时期

因为身体的变化，与之相伴的是孩子们心理的发展和变化。青春期生理上的急剧变化冲击着心理的发展，使身心发展在这个阶段失去平衡。生理上的快速成熟使少年产生成人感，心理发展的相对缓慢使他们仍处于半成熟状态。

由于生理的成熟，少年在心理上产生自己发育成熟了的感受，认为自己已经是成人了，这就是成人感。成人感的内容包括：

🌸 从心理上过高地评价自己的成熟度。

🌸 认为自己的思想和行为属于成人水平。

🌸 要求与成人的社会地位平等。

🌸 渴望社会给予他们成人式的信任和尊重。

但同时，这也是半成熟的阶段，并不能让孩子很快适应，需要成人一定的理解、支持和保护。

🐢 处于青春期的青少年自我意识强烈

青春期的"急风暴雨"式的变化，使孩子们产生惶惑的感受。与此同时，他们会自觉不自觉地将自己的思想从外在的客观世界抽回一部分来指向主观世界，使思想再次进入自我意识，从而导致自我意识发展的第二次飞跃。

开始关注自己的外貌形象。

青春期自我的兴趣首先表现在关注自己身体和形象上。他们强烈地渴望了解自己的体貌，如身高、胖瘦、体态、外貌等，并喜欢在镜中研究自己的相貌、体态、仪表、风度；特别注意别人对自己打扮的反应，如果是良好反应，会体现出自我欣赏的满足感；对某些不甚令人满意的外貌特点会产生极度焦虑。

喜欢明星，喜欢标新立异，喜欢奇装异服、网络语言。

重视自己的能力和学习成绩。

中学生的能力和学业成绩更加影响着他们对自己在群体中社会地位以及自尊心的认识，并逐渐影响着自我评价。因此，能力和学习成绩是他们关注自我发展、体现自我价值的重中之重。

自尊心和虚荣心并存。

他们在受到肯定和赞赏时，内心深处会产生强烈的满足感；在受到批评和惩罚时，会感受重大打击，容易产生强烈的挫折感。而且，这个时期，虚荣心开始让孩子们注重外表和评价，它更像是一个容易破碎的玻璃球。

情绪变化如大海般波涛汹涌。

情绪的不稳定性是这个年龄段的孩子的典型特征：青春期早期，情绪状态的积极方面较少，消极情绪较多；情绪的稳定性较差，起伏变化较多。到青春期后期，情绪稳定性增强，情绪起伏变化逐渐趋缓。

孤独感、压抑感增强。

青春期需要亲密的同伴和朋友，如缺乏友谊和同伴交往，他们会产生孤独感；如果未能建立起相应的社会关系，他们会陷入被同伴抛弃的孤独和压抑的困境中难以自拔。

青春期心理上的成人感与半成熟状态之间的矛盾，使孩子们在面对现实时常常会遭遇挫折。由于要维护精神独立的自尊，孩子们不轻易向成人求教，又让自己常常处于孤立无助的状态。

压抑是当需求和愿望得不到应有的满足时而产生的一种心理体验。青春期是机体发展的敏感时期，在身心发展方面，在物质、精神、文化、社会交往诸方面会产生许多要求，这些要求或因为受到忽略、阻止，或因为不切实际而导致得不到满足。由于自尊心的驱使，好胜心受挫以及缺乏应有的满足等，他们体验着困苦、无助和深深的压抑感。

烦恼增多。

🍄 为在公众面前的个人形象而烦恼。外观形象的变化是青春期孩子要改变自己在别人心目中的形象的迫切需求。如何改变，以什么样的姿态出现才能得到别人的承认和喜爱，这是他们的烦恼之处。对此，他们在暗自探索，但往往为找不到满意的答案而烦恼。

🍄 为在同伴、集体中的个人尊严和社会地位而烦恼。在集体中有较高的地位、受人尊重和喜爱成为他们强烈的心理需求。随着自我意识的发展和自尊心的增强，他们渴求得到同伴的接纳、肯定和喜爱。这种愿望困扰着他们，有时会让他们感到无奈、痛楚，甚至屈辱。

🍄 为与父母的关系出现裂痕和情感疏离而烦恼。愿望和要求遭到父母的阻止或干涉时，他们感到父母不能理解，也不理解父母为什么如此这般。亲子之间常常出现矛盾，甚至情感疏远。

二、家长守则

青春期的孩子处于由小孩到大人之间的过渡阶段，这段时期是比较关键的，家长应站在孩子的角度去思考问题。

青春期心理特征

面对青春期的孩子，家长都会有不同程度的惶恐。家长的反应很正常，因为青春期的孩子总是憧憬成熟又留恋童年，追求完美又总有缺憾，拒绝灌输又渴望帮助。这样矛盾的心理，使得他们的行为在大人眼里是如此的荒唐和无聊，而对孩子来说，意义却十分重大。家长因为不了解孩子，对孩子横加约束，这使得家长与孩子矛盾重重，冲突不断升级。

学会倾听，做智慧家长

学会倾听是建立和谐人际关系的重要条件，同时也适用于亲子关系的处理。青春期的孩子本身并不想跟家长吐露心声，如果家长再以冷淡或暴力对待，这种态度一定会伤害双方的。

智慧引导孩子，首先要学会智慧地了解孩子的心声，观察他们的细微变化，给予积极正面的引导，有技巧地处理各种状况。

我有一次不小心看到女儿的课本上面多了很多丘比特与天使的手绘，我就知道，她已情窦初开。面对上初中的女儿有了青春的萌动，我并没有过度紧张，还有些小小的欣喜。因为，女孩开始对异性产生兴趣了，一定会开始注意身材和形象，这不正是培养淑女的好机会吗？

我想起之前跟她的约定，每次提醒她不要多吃零食，都要说：注意啊，你已经"月半"了啊（月和半组成胖字，既幽默又能提醒到她）。

晚上我来到女儿的房间里，我们一起躺在床上聊天："不好意思啊，收拾你房间的时候不小心看到了你的小秘密，我没有告诉爸爸和奶奶，这是我们两个人之间的秘密！"

女儿脸红了，低下了头，半晌都没有说话。

我继续说道："我在你这个年龄也情窦初开过，也暗恋过帅哥。但是，我只是默默喜欢，因为我知道，这个阶段学习是最重要的事情。你知道吗？我大学毕业后，在一个城市的转角碰到他，觉得他一点都不帅了，甚至有些老气横秋呢。"

但是，出于这个时期对孩子的正确引导，我还是决定把她转到离我家比较近的一所学校。刚开始到那个学校的时候，她是非常不适应的。这时我特别用心跟学校的老师去沟通。首先我打电话给她的班主任，告诉他我孩子的一些优点，随后我也讲了孩子的一些弱势的地方，方便老师客观

地对她进行评定。随后的日子里，我不断地跟老师去沟通交流，也密切地关注她的行为和成长。等到放假那一天，女儿听到手机铃响之后，非常欣喜地走到了我的身边说："妈妈，老师给我发信息了。"我假装不知道的样子说："啊？真的吗？老师都说了什么呀？"女儿说："老师祝我节日快乐，并且让我努力学习，争取成为班上最优秀的学生。"我说："太好了，你的老师如此关心你，所以你要为老师争光啊！"

由于得到了家长和老师的重视，孩子的成绩在进步。这一阶段也成为一个不容忽视且极其重要的人生转折点。

🍄 学会和教师沟通

进入青春期的孩子，有关早恋、弃学、自杀等特殊事件不断出现，校方十分紧张。我们做家长的一定要主动跟学校老师沟通，尽可能地发现孩子的动态。这既是保护孩子，也是配合校方工作。

如果孩子出现严重的心理或生理问题，家长和老师也可以及时向社会相关组织求助。现代社会，已经有很多公益组织介入青春期关怀的工作中。

🍄 关注孩子的发展，尤其是孩子的心理发展

初中阶段正是我国青少年准备中考的几年。毋庸置疑，这是最关键的事情。但是，孩子的身心健康是家长一定要首先考虑的事情。再好的成绩，却没有好的身体、好的心理素质、好的德行修养，未来的意外事件都会给孩子和家庭带来无法预估的伤害。

🍄 正视孩子的早恋教育

孩子进入青春期，与异性接触时有了微妙的变化。他们开始悄悄地关注异性，但关注往往只是停留在外表上。比如女生关注帅气高大的男孩，在一起对他们评头论足，会感到新鲜和刺激；男生也会注意女生，偶尔也会在一起用调侃的方式谈论某些女生。

这是孩子走出家庭的圈子，步入社会认识异性的最初的学习阶段。而随着时间的推移，孩子会越来越明白自己喜欢什么样的异性，希望去接近他（她）。最开始的形式可以是打打闹闹、简单的问答，还可以是以班级活动为载体的工作式交流。很多孩子可以通过这样简单的交流，达到对异性的了解。

家长如果发现孩子谈恋爱了，不要强行阻拦，也不要给他们讲太多的大道理，阻拦可能适得其反，大道理讲得太多他们也听不进去，不如索性放手，让孩子体验一下那种甜蜜并青涩的感觉。只是，如果家里是男孩，家长应该告诉孩子要有责任心，要爱护女孩；如果家里是女孩，要告诉孩子交往的限度，并注意保护自

己。

同时，我们也要注意在性教育方面给予他们正面和严肃的指导，千万不可做埋在沙里的鸵鸟，也不可以做武断的打击。

🍄 经典教育论著可以让家长在教育孩子的过程中更理智

没有人天生就是合格的父母，在"父母亲"这个岗位上，很多人都感觉手足无措，尤其是当孩子一天天长大，越来越不受掌控的时候。

在教育孩子这件事情上，我也是从一无所知慢慢走到现在的。因为工作的关系，我有幸接触到很多经典的教育论著，并在实践中尝试。在教育孩子的过程中，蒙特梭利、卡尔·威特、卢梭都是我的老师和偶像，卢勤（著名的"知心姐姐"）、孙云晓（我国著名的教育家，被国务院表彰为有突出贡献的教育家）、孙瑞雪（儿童教育专家，自20世纪80年代开始从事儿童心理学、教育学的研究，创办了大陆第一所蒙特梭利幼儿园和第一所蒙特梭利国际学校，之后又创立了蒙特梭利教育研究中心）、小巫（儿童教育专家）这些老师的书也是我阅读的对象。这些著作，让我在教育孩子的过程中更加理智，并且收到了不错的效果。

因为遵循卢梭的"自然教育"法则，我没有让女儿上过多的课外兴趣班，而是带领着女儿到处去玩，让她的玩的过程中自己探索这个世界；因为相信孙云晓老师的"对人一辈子负责的教育是素质教育"的话，我没有在女儿完成老师布置的作业之外，给她增加额外的作业，而是让她想玩就玩，想做家务就做家务。

正因为如此，尽管女儿在中学阶段从来不是尖子生，但动手能力强，跟同学关系融洽，对事物有自己独到的见解和看法，学习成绩也一直保持在中上。

🍄 家庭教育要与孩子的年龄同步

家庭教育要与孩子的年龄同步。孩子一刻不停地在长大，家长在"父母亲"这个岗位上，需要坚持不懈地学习。12岁以后，孩子自我意识更加强烈了，所以，在家庭教育中，父母应该尽量站在孩子的角度考虑问题，不要老是命令孩子，而是应该更多建议和理解。

当年，在女儿进入初中以后，我突然发现，以前的那些理论知识完全不够用了，孩子的状况，光用理论很难应付。比如我让她做作业，她却想先看会书；我多说一句，她能回上十句，亲子关系不像她小时候那么融洽了。

这个时候，我正好在学习心理学课程，通过学习，我明白了：孩子在不同的成长阶段有不同的心理特征，家长不能老拿大人的标准来要求孩子，把本来不是问题的事情当作问题来处理，否则难免发生冲突。所以，之后再遇到女儿看起来有偏差的言行时，我尽量换位思考，从她的角度来考虑。一段时间以后，我们的关系就又恢复到以前良性状态了。不仅如此，我还用我学到的知识，帮助了身边很多需要帮助的朋友，我的朋友、女儿的朋友也变得越来越多了。

🍄 让孩子自由体验不同事物

对于初中阶段以上的孩子，如果父母还是像婴幼儿时期一样给予无微不至的照顾，不仅会妨碍孩子自立，还会给孩子造成压力，甚至造成生理上成熟了，心理却很幼稚的情况。

我的一个朋友的孩子已经快30岁了，读大学的时候，专业是父母选的，大学毕业后，工作是家里托关系找的，结婚对象是家里找人介绍的。结婚的时候，房子、车子都是我朋友出钱买的，儿子的孩子出生后也是我朋友两口子在带。本来结婚后买了房是要分开住的，但儿子坚持要跟父母一起住，因为吃穿用度父母都会给他安排好。工资卡也是交给妈妈来保管，媳妇不乐意了，经常为了钱跟他吵，一吵架，媳妇就回娘家，他更自由了，想玩游戏就玩游戏，想去酒吧就去酒吧。

所以说，当孩子进入初中以后，父母要学着逐渐放手，尽量让孩子自由地体验不同的事物，给孩子一定的自由。只有孩子自立了，在学习、恋爱、生活等问题上才能自己做主，才能拥有自己的人生。

🍄 不要把大人的意志强加给孩子

孩子到了初中阶段，父母应该懂得尊重孩子的意见，而不是把大人的意志强加给孩子。

我的一个朋友，孩子今年上初二，有天回家突然跟她说："妈妈，我不想上学了。"

朋友感觉很奇怪：虽然孩子学习成绩不算太好，但也能保持在班上二十名以内，跟同学的关系也还算融洽，有几个很好的同班好友。于是她问道："怎么会这样想呢，儿子？"

"觉得学习一点意思都没有，不喜欢学习了。"

"是哦，妈妈像你这个年纪的时候，也讨厌每天对着课本，差点还休学了呢。"

"真的吗？"

"当然是真的，妈妈骗你干什么？"朋友微笑着说，"你的心情，妈妈很理解。不过，你之前不是说要像晓鹏哥哥（他姑姑家的孩子）一样，考航天学校的吗？你不想去了吗？"

"想是想，可是我没有晓鹏哥哥聪明啊。我能考上吗？"

"傻孩子，晓鹏哥哥也是努力学习才考上的呀。不信你自己去问问他。"

后来，孩子果然向晓鹏哥哥求证，得到肯定的答复后，又开开心心地上学去了，而且学习比以前更努力了，期末的时候，还被评为了"学习标兵"呢。

所以说，为了孩子的未来，父母不能老自以为是地强调自己的想法，而是应该提出建议，让孩子自主行事。不管什么事情，反复三四次之后仍有问题，父母再给予一定的关注，让孩子在经历失败的过程中，积累经验教训，学会自我反省。

生活中的学问，需要家长日积月累教给孩子

相信经历过高考的人都知道，高中三年的学习生活是非常苦的。因为高中教育的目的就是为了让孩子取得好的高考成绩，进一所好的大学。所以学生每天除了听课，就是反复做枯燥的习题，不仅毫无趣味性可言，还非常耗脑力和体力。如果回到家里，父母还是"学习""功课"不离口，很容易造成他的抵触情绪。长此以往，孩子可能都不愿意跟家长交流，导致亲子关系出现问题。

在我们家，因为从小养成的好习惯，女儿上高中的时候，作业几乎从来不需要我操心。当她晚自习回来以后，我们家基本上是不会看到跟她谈学习的场景的。我一般会安排一些能提高生活技能的事情给她做，比如洗衣服、洗碗、打扫房间；还会跟她聊聊每天的生活，比如早上出门看到了什么，下班的时候又遇到了什么有趣的事情；他爸爸则会跟她讨论一下时事。我们也允许她晚自习后可以在外面跟朋友聊聊天，只要十点半以前回家就可以了。放月假的时候，我们也鼓励她找朋友去郊游，或者赞助她们去看场电影放松一下。

也正是因为我和丈夫的做法，女儿在学校的时候反而更能集中精力，很好地完成学习任务。

对于高中阶段的孩子，在功课辅导方面，家长几乎是没有优势的，所以孩子不愿意听到父母对自己的功课品头论足。而且，这个阶段的孩子，自我意识很强，觉得自己长大了，能安排自己的学习和生活，不需要大人的提醒。如果家长一味地干涉，他会觉得是父母不信任他，怀疑他的能力，自然会跟家长闹别扭了。

我们都知道，一个人将来进入社会，靠得不是学习了多少知识，而是性情（即情商）和实际处理问题的能力。这些都是在学习之外得到的锻炼。孩子的人生之路还很长，离开学校之后的生活才是他人生的主要历程。课本知识自然有学校的老师教给他们，生活中的学问才是需要家长日积月累教会他们的。

三、陪伴孩子度过人生的"黄金时期"——青春期

> 作为父母，当孩子出现青春期的问题时，不要一味地指责、打骂，要深入孩子的内心，了解孩子的想法，多关爱孩子，和孩子一同度过青春期。

要教育孩子，首先要尊重孩子

家长首先记着：不管孩子做什么，都要让他感觉到你对他有兴趣。父母要把自己的价值判断深藏起来，在孩子处于一个价值观冲突、矛盾、多样的混乱时期，不要忙着帮孩子找到所谓正确的道路，那样可能适得其反。孩子失去自我的判断力与鉴别力，不能形成自我的价值倾向，结果还觉得是在为别人活着，为别人学习。

家长可以让青春期的孩子品尝下逆反情绪给他带来的痛苦与麻烦，再让他用好奇、欣赏的眼光去看待他自己选择的价值观、美感、哲学概念与逻辑。当然，幼稚在所难免，但这些幼稚的思想有孩子自己的标识，是属于他自己的天地。尊重这些，就是尊重孩子。

- 把孩子当成人一样来对待。
- 不要把自己的价值观强加给孩子。
- 学会对孩子示弱。
- 学会与孩子沟通和交流，有同理心。

在该年龄段，父母要做的是及时、敏锐地观察孩子的情绪；一旦发现孩子情绪低落或无缘无故地发脾气，就要创造一个良好的谈话氛围，给孩子倾诉的机会，然后耐心倾听；在倾听过程中，要给予理解，站在孩子的角度考虑，适时提出看法或建议，而不是强制命令。

　　我在深圳市 12355 热线做咨询师时遇到过很多咨询者。有个青春期的女孩，打电话吞吞吐吐、欲言又止地问我："喜欢上班里一位男生，已经无法自拔，怎么办？"

　　我跟她说："真巧，我也是像你这么大时喜欢上同班一个男生。面对他的眼神我以为他也是喜欢我的，所以成绩每况愈下，每天都在纠结中度过。但当时学习任务紧，这种纠结也就在忙碌中被冲淡了……直到大学毕业后的一天，我在一家咖啡厅遇见他，想跟他打招呼，才发现他根本不认识我了……我才明白那个时候只是心情的一种变化，并不是什么美好的爱情，一下就豁然开朗了。相信 20 年后你也会因为这个小小的经历，一笑了之。"

　　这个女孩既诧异又欣喜地对我说："我好多同学都会因为这种事挨家长骂，你真好，我懂了，你放心吧。"

　　中学时期，男女同学之间的好感、接近是一种很正常的现象。如果发现孩子与异性同学交往过多，电话不断，父母不要大惊小怪，或者轻易扣上"早恋"的帽子，要对孩子多理解，多关心，多呵护，多倾听，这是解决问题最好的方法，否则会适得其反。

🍄 做学习型的家长，和孩子一起成长

古人讲："少而学，壮而有为；壮而学，老而不衰；老而学，死而不朽。"在知识经济的时代，学习是终身的事情。作为家长，确保与孩子成长同步，首先自己要主动学习。

美国有7000多所大学，其中有2000多所是社区大学。社区大学是可以提供终身学习的大学，很多美国人退休后去学习，然后拿到大学文凭。所以美国强大是因为美国是一个学习型的国家。

有些家长找各种理由，不愿意接受新生事物，不愿意继续学习。这既不能与孩子一起成长，也会让家庭没有学习氛围。

深圳号称"书香城市"。据近几年的统计数据，深圳市居民单位购书量一直排在全国首位；深圳每年都评选"书香家庭"，这一切都是在鼓励一种学习型的社会和家庭氛围。

赵小兰女士是华人界的精英，她是第一位进入美国内阁的华人部长。据美国当地的华文媒体报道：她的成功，除了自身奋斗以外，与她的家庭教育有着密切的关系。在赵小兰上小学期间，父亲每天打完3份工后，无论多累，无论多晚，回家第一件事就是和女儿赵小兰一起学习；母亲年届五十，还走进学校读研究生，每天和一群年轻人一道认真听课，记笔记，最后以全勤的记录和优良的成绩获得了硕士学位。可以说，是家长的言传身教，促成了赵小兰今天的成功和成就。

家长要真心地把孩子当成讨论问题的朋友，这样一来，不仅家长能从孩子那里汲取活力和能量，孩子也能在家长的尊重、请教的激励中形成内在成长机制，增加自我成长的动力。

🍄 有目标的人生叫航向，没目标的人生叫流浪

有些教育专家认为，父母对孩子的期望是给孩子压力，是不对的。但是，我认为适度的期望是必不可少的，因为这样才会让孩子有目标。只是我们有些父母不知不觉对孩子寄予了过高的期望，给孩子造成了很大的压力。也许这种压力会激发孩子的学习热情，但同时也让孩子不堪重负。

中国家长对孩子的爱大多是包办一切，生活上又无限照顾，甚至是对他们的愿望过度满足的。这种爱的泛滥也会对孩子造成很多压力，他们因为爱的负重不敢跟家长争辩和讨论，时间长了，就会缺少感恩之心。

人最重要的是学会追求幸福、快乐、健康、友谊等基本价值。因此，作为父母，一方面要端正自己的心态，另一方面要了解自己的孩子，做到因材施教，鼓励孩子"成为他自己"。

这时，母亲不妨邀请父亲参与，为孩子成长注入活力。处于中年时期的爸爸，观察问题的敏锐度、思考问题的深度和广度大多会比妈妈要强得多，可以带给孩子更好的指导。而且，爸爸的理智、果敢等性格特征也是大多数妈妈所不具备的。另外，相对于妈妈，爸爸通常会给孩子一个相对高的目标。只要这个目标不"好高骛远"，对孩子就是一种激励，容易使孩子发展得更好。无论工作多忙，也请爸爸抽出时间来关注一下孩子的成长，特别是当孩子进入高中以后，这对孩子的学习和其他方面都是大有益处的。

总之，我们面对青春期的孩子，以及他们表现出的不同状况，需要我们不断地学习，了解其身心特征，做到耐心、充满信任和爱。

🍄 买课外书要看孩子的需求

很多家长肯定都有这样的经历：给上小学的孩子选购课外读物和教辅图书，基本上可以八九不离十；可是当孩子上初中，尤其是进入高中以后，面对书店里种类繁多的书籍，根本无从下手，不知道买什么好。

我楼下邻居家的孩子，下半年就要升入高三了。孩子的妈妈很是着急，同时加入了好几个高三学生家长群和大学生家长群，每天跟人家聊天，只要听到哪位家长说自己家的孩子用哪种教辅图书考出了好成绩，不管费多大力气，都要给孩子买回来；还经常在网上查找各类资料，花时间整理归类，给孩子打印成册。开始孩子觉得还不错，有时间的时候会翻一翻，但后来这些资料越来越多，孩子连翻一翻的兴致都没有了。看到孩子碰都不碰自己辛辛苦苦搜集的参考资料，孩子妈妈不高兴了，对孩子一顿数落，说孩子不体谅妈妈的苦心，云云。搞得孩子和她大吵一架，离家出走了。

其实，中学阶段的孩子，已经有了自己的判断力，家长不必在这上面太过费心。一般来说，教辅材料学校都会安排购买并发放到学生手上，万一还需要额外的，老师也会列出书单，让家长购买。至于课外读物，只要不是会带给孩子不良影响的，完全可以让孩子按照自己的兴趣去选择购买。

请家教要想效果好，针对性很重要

家教市场上有家教中心老师、中学任课老师、从事非教育类工作的高素质人员以及在校大学生等几类，他们各有各的优势，也各有各的缺点，需要家长针对自己家孩子的情况进行选择。

我家女儿，文科一直是强项，相对地，理科就是她的弱项。尤其是物理和化学，初中还能应付，升入高中后学起来明显很吃力，课堂上的内容只能掌握大部分。她经常跟我说："妈妈，那些公式好复杂啊，看得我头都大了。"

我们一听，急了，她自己就更着急，但越急越感到无力，成绩直线下降。于是我们商量了一下，决定给她请个家教。正好女儿班上有同学在上一个老师的数理化补习班，效果还不错，就把老师介绍给了我们。在跟那个老师沟通过女儿的情况以后，我们让女儿先跟着她同学去试听了一堂课。女儿听课回来，跟我们反映该老师课上得非常生动有趣，让她获益良多。既然女儿感到满意，我们就放心了。

半个学期下来，女儿的理化成绩稳步提高，不仅以前的知识漏洞补上了，综合学习能力也得到了加强，再也没跟我们诉苦说物理、化学好难学了。

所以说，请家教要想取得好效果，针对性是非常重要的。只有有的放矢，才能起到事半功倍的效果。

找在校大学生做家教也是不错的选择

在校大学生可谓是家教市场上的生力军，他们虽然教学经验不足，但胜在刚刚离开中学不久，对各科知识记忆犹新，而且跟孩子年龄差距小，在沟通和交流学习体会方面会很顺畅。而且相对于其他三类，大学生家教的价格算是最经济的。

我的另一个邻居，就给自己家高一的儿子找了一个大二的数计系女生做家教。孩子的妈妈觉得，孩子初中的数理化基础虽然还算不错，但考试的时候经常粗枝大叶，导致成绩总上不去。在征得孩子同意的前提下，经朋友介绍，于是她给孩子请了这个家教。

经过一段时间的辅导，孩子的妈妈说孩子很喜欢这位家教姐姐，学习积极性非常高，每个星期的家教课程，都是在非常愉快的气氛中结束的。孩子之前掌握不牢的基础知识也得到了巩固，数理化成绩平均提升了二十多分呢。

所以说，一个好的家教老师，除了高超的教学技巧，还应该能调动孩子的学习积极性。因为，只有孩子有了学习积极性，才能坚持下去，也才能取得良好的学习效果。

四、正确对待孩子青春期的逆反心理

反抗心理是人普遍存在的一种心理特征，它表现为对一切外在强加的力量和父母的控制予以排斥的意识和行为倾向。

强烈的独立自主的心理需求

青春期的孩子有着强烈的独立自主的心理需求，而父母往往对此缺乏认识，总想在精神和行为上予以约束和控制，导致了他们的反抗。

为独立自主意识受阻而抗争

他们需要成人将其视为独立的社会成员，给予平等的自主性。父母却一味地把他们置于"孩子"的地位，而予以保护、支配和控制，从而导致反抗，使亲子矛盾突出。

观念大PK

教师和父母多将成人的观点强加给少年儿童，而在大小事情上都已经具有自己观点和主张的"被教育者"会抵触或拒绝接受，从而表现出观念上的某种对抗。

主要对象

反抗的对象主要是父母，但也具有迁移性。当某人的言行引发孩子反感时，他们便会排斥或否定该人的作为，有时因情绪左右，会将是和非一起排斥掉。孩子表面反对，其实内心在寻求父母的支持。

形式

反抗的形式可归纳为以下两个方面：

🍄 外显行为上的激烈抵抗。主要表现为态度强硬、举止粗暴，且往往具有突发性，自己都难以控制。事后孩子会因后悔而平静下来。但再遇矛盾，又会以强烈冲突的方式应对。

🍄 将反抗隐于内心，以冷漠相对。他们不顶撞，对不满的，乃至需反抗的言行似乎置若罔闻，但内心压力很大，充满痛苦，并会将其内化为不良的心境，难以转移。

🍄 陪孩子度过逆反期

逆反是人的心理发展过程中的正常现象，是发展性现象。它出现在人生发展里程中的两个具有"里程碑"意义的转折期，甚至可以说具有发展过程中的"划时代"意义。逆反期孩子能否较为顺利地度过，能否减轻挫折和危机，对他们后续的发展至关重要。因此，父母、教师如何理解和帮助他们是既困难又复杂的事情，但必须积极面对这重大的责任。父母应注意的问题如下：

🌸 父母要正确面对孩子逆反这一客观事实

逆反期是大多数孩子都要经历的。家长不能存在侥幸心理，也不能被动应付；要事先做好思想准备，提前调整对待孩子的方式，使关系和谐，做能够平等沟通的朋友，为孩子健康成长打下良好的基础。

🌸 父母要理解少年期多重矛盾的焦点所在

青春期的生理发育使孩子们产生成人感，这是心理上、自我意识中的成人感。现实中，他们仍然是孩子，心理发展水平并未成熟。从这个意义上说，他们对自我的认识超前。而父母只把他们视为尚未发育成熟的孩子，未能认识到"成人感"是孩子心理发展中存在着的"现实"。从这个意义上说，父母对孩子的认识滞后。一个超前，一个滞后，这种认识上的差距就成为双方矛盾的焦点。

🌸 父母必须正视少年儿童独立自主的需求

正视他们心理上的"独立自主""社会地位平等""人格受到尊重"的需求，是处理好亲子矛盾的关键。为此，父母需进一步端正教育观。孩子本身是积极主动的发展者、学习者、前进者，不能视他们为被动的受教育者或被塑造的对象。对他们的教育应遵循双向互动、教学相长的原则，家长要正视、重视孩子们成长中的需要，理解他们，尽心尽责地完成任何人都无法取代的母亲和父亲的责任。

五、 要勇于认错并及时修正

家长最担忧的是青春期孩子的一些问题会变得突出，例如，网瘾、自杀倾向、校园暴力等。本书中没有作详细的分析，但是有些基本的现象我们也会提及。

🍄 如何帮孩子戒除游戏瘾

网络成瘾属于无成瘾物质作用下的上网行为冲动失控，表现为由于过度使用互联网而导致个体明显的社会心理功能损害。网络成瘾又被称为网络性心理障碍。

成瘾的原因有：

🌸 青少年本身的特点及个体的人格特征

青少年自制力比较差，自我保护、心理抵御能力弱而容易沉溺于游戏中。那些在人格特征方面具有高焦虑、低自尊、抑郁倾向的青少年更容易网络成瘾。

🌸 网络游戏本身的特征

网络游戏具有娱乐性、互动性、虚拟现实性等特点，可以匿名，又具有不受现实生活中交流方式限制的自由度，因此对青少年很有吸引力。网络和电子游戏是把双刃剑，青少年在游戏中益智与促进能力的同时，往往不自觉地陷入网瘾而不能自拔。

🌸 家庭环境不良和学校压力过大

家庭中亲子关系紧张、父母关系不和谐会使青少年经受慢性而又长期的心理困扰。在学校学习压力过大，尤其是对学校生活适应不良的青少年，在现实生活中受到挫折较多，而产生情绪、认知和人际关系失调，他们就会借助网络来舒缓压力、寻找安慰，逃避现实中遇到的困难。

精神分裂症主要发生在青少年时期

也许这件事说起来有些危言耸听，但据有关调查显示，青春期的精神分裂症是目前社会上经常发生的。

青春期精神分裂症的先兆

青少年在真正患病之前常常表现出社会行为退缩、交往困难、敏感、固执并缺乏幽默感等现象。

🍄 遗传因素所致。研究表明，遗传因素的效应，不是遗传精神分裂症本身，而是遗传易感性。

🍄 青春发育期身心发展迅速带来的种种不适应、不平衡以及困惑和危机感，这些消极情绪的长期积累是导致精神分裂症的一个重要原因。

🍄 青春发育期性功能的迅速发展和成熟、初恋失恋等诱因导致患者常有对性的妄想等，这也是青春期精神分裂症的一个重要原因。

家长一定要注意将自己的孩子与上面所说的情况进行鉴别，做到"对症下药"。

不要想不开，生命是珍贵的

在青春期，尤其在13～18岁这个年龄段的自杀事件已经多次出现在世界各国媒体的报道中。

造成青少年自杀的原因

心理障碍

据研究，青少年自杀者中90%都有心理障碍，其中尤以抑郁最为常见。

家庭环境

父母关系不和，离异，教育方式不良，不懂得、不理解青少年的成长烦恼，对他们采取消极、拒绝的态度，不能给他们以情感和精神上的支持，家庭暴力导致严重的亲子冲突等，这些家庭压力使脆弱的青少年无力支撑继续承担压力的勇气和信心，从而失去对美好生活和未来前途的希望。

学校的强大压力

学习上的压力，成绩上的失败，教师的高压和惩罚导致的对青少年自尊心的严重伤害等，使脆弱的青少年个体难以"坚挺"地在集体中"适应"下去。

不能面对个人遭遇的问题

如初恋，失恋，与异性朋友发生感情上的纠葛和冲突，在违法和犯罪后产生恐惧，还有被同伴拒绝、被社会排斥，使他们孤立和无助，都会加强他们的自杀倾向。

自杀倾向的先兆

青少年在自杀前往往会表现出一些先兆。他们会表现出各种严重的抑郁症状，如情绪极度低落，不与家人说话，躲避朋友，极度失落。在行为方面，他们开始梳理过去曾经出现过麻烦的人际关系，将自己的财物整理并馈赠他人等。在言语方面，他们有时以暗示的方式表达出来，如说些与亲人、朋友告别的话。

如果周围的有人，特别是父母，对这些自杀先兆信号有所警觉，及时进行"心理救助"，在很大程度上会避免自杀行为的发生。

🍄 校园暴力冷思考

2015 年 7 月发生的中国留学生在美暴力群殴同伴的事件引起全社会的关注。受害人刘怡然被扒光衣服，被烟头烫伤乳头，被点燃头发，还被迫趴在地上吃沙子，被逼吃掉自己被剃下的头发等，其间还有人用手机拍下了刘怡然的受虐照和裸照。整个折磨过程长达 5 小时，刘怡然遍体鳞伤，脸部瘀青肿胀，双脚无法站稳。最终，美检方做出判决，两名主犯被判终身监禁，两人累计保释金高达 600 万美金，超 3600 万人民币。媒体称，这是美国历史上留学生犯案保释金最高的纪录。

最近，关于校园暴力的事件层出不穷，未成年人的残忍程度简直令人发指，我们不禁想问：如今的孩子到底怎么了？据统计，2015 年，媒体公开报道或通过网络传播的校园暴力欺凌事件已达 20 多起。

家长可能没有深思：这些学生平常看起来并无两样，但是为什么如此暴力？

在互联网高度发达的时代，一些宣扬暴力的网上直播或言论，一定会影响到这些青少年。

总体来说，有这样一些原因：

有些家庭成为滋生儿童反社会行为和犯罪的温床。

在我国，失和、失教、失德、失才等家庭有所增加，这些问题家庭往往容易"造就"问题儿童。此外，失学、辍学问题也对青少年违法带来严重影响。据少管所和监狱的数据显示，近27%的犯罪青少年来自破碎的家庭，近50%的犯罪青少年没有完成九年义务教育。最新统计显示，父母离异家庭的子女犯罪率是健全家庭的4.2倍。

同伴因素和群体压力。

青少年期，青少年与同伴交往的社会关系需求增强，同伴的影响逐渐取代父母的影响。青少年惧怕被同伴排斥，害怕被集体拒绝，所以许多犯罪是在群体压力的情况下产生的。

处于发展过程中的青少年自身因素。

青少年时期，基本矛盾是成人感与半成熟现状的矛盾。基于此，他们强烈地要求表现自己的能力，实现自我价值，但是在行事过程中又经常遭受挫折。这使他们情绪波动，逆反心理增强，容易冲动，甚至导致矛盾的激化。于是，他们在强大的诱惑和压力下，再加上心理抵御能力的脆弱，又缺乏自我控制能力，便容易走上歧途。

校园周边环境的恶化。

校园周边环境的恶化也是将学生引上暴力犯罪歧途的重要诱因。我国目前尤其是城市各小学、中学、大学附近，随处可见电子游戏机室、网吧，不少学生在好奇心的驱使下沉溺其中，不能自拔。于是有为了游戏机费而抢劫、勒索同学的；有因为整天逃学上网，精神颓废的。可见，校园周边环境不加以整顿，必然成为校园暴力滋生的土壤。

六、 如何做一个合格的初中生家长

孩子进入中学阶段，因为面临现实的中考和高考的压力，学习就成为他们这个阶段最重要的任务。这里我们不探讨中国考试制度的利弊，不妨来讨论一下如何协助孩子在这个考试制度中更顺利地通过。

🍄 学习是一件必须终身坚持的事

孩子进入初中后，一下就感到了学习的繁重，一般的学生会觉得科目多了，作业多了，老师的要求严了。家长更为紧张，到处给孩子报课外辅导班。最近的一项调查数据是这样的：我国中小学教育，自20世纪80年代以来，一直深受应试教育的影响。学校、老师、家长在学生正常接受的教育教学之外，还要求学生参加课外辅导，包括奥数班、网校、家教等。虽然近几年教育部一直倡导素质教育，并出台了一系列减负政策，希望减轻学生负担，但现实生活中课外有偿辅导却屡禁不止。据有关方面统计，目前我国中小学生几乎人人都有参加课外辅导的经历。

可见，在目前中国的中小学生中，补课还是学生的主题。我们不对此种现象作过多的分析，但是需要指出的一点是，"授人以鱼，不如授人以渔"。所以，智慧的家长应该找一些巩固孩子良好的学习习惯和提高学习效率的方法，让孩子从畏惧学习转为喜欢和轻松应对学习。

🍄 家长该如何帮孩子规划留学生涯

据国家教育部官方公布的数据显示，2014年出国留学生已经超过38万人，连续十几年成正增长，2016年留学人数超50万人。

但是，2014年发生的在美留学生近8000人被退学事件，引起了社会的轩然大波，也印证了一些调查结果；赴美的本科留学生，有近25％无法正常毕业。

为什么会有那么高比例的中国学生被开除？

很多人把诸多留学乱象归咎于无良的留学中介。他们认为，不良中介通过虚假陈述和各种误导，造就诸多留学悲剧。但我认为这种观点有失公允。中国的留学市场已经是一个充分竞争的市场，能生存下来的都是因为有市场需求。造假者有市场，首先是因为有人需要造假者的服务。事实上，根据我多年的经验，我认为造成这8000名中国留学生被开除的始作俑者不是别人，正是他们的父母。

学生身上纵然有各种问题，但这些问题的根源多出自他们的父母。这些错误有价值观层面的问题，也有具体知识层面的问题。这是本文所想要讨论的主要问题。我们发现，多数父母因为对留学缺乏最基本的了解，所以导致其做出非常错误的决定。本文就是想把我观察到的一些常见错误与大家分享。并非批评，意在警醒大家，引发思考和讨论。

教训一：去除水分（Deflate the inflation）。

大家可能都比较明白了：通过大量应试性操练和不正当渠道获得真题等手段考得的高分，不能代表真实的学术能力。毕竟，美国高中和大学要求的是实实在在地把文章读懂，并通过严谨的写作把观点写明白，所以习惯了使用排除法解题的中国学生常常感到力不从心。但实际上，中国学生在申请过程中的注水行为更是严重；巧妙逼真地夸大自己的领导经历，精心策划包装的科研项目，由高手捉刀代笔的申请文书，所有这一切都无形中让学生进入了超出其真实水平的大学，日后"还债"几乎是必然的。

需要提醒家长的是，不要以为媒体上全是"哈佛女孩""耶鲁男孩"就觉得自己的孩子弄个50名左右的公立大学理所应当。这个排位上的公立大学如宾州大学、伊利诺伊香槟分校和俄亥俄大学虽然在招生上显得"比较水"，但其学术标准绝对严格。以身试法的结果就是白皮书的结果；来自上述三校的开除人数最多。

教训二：没有智慧相伴的财富是祸根，而不是幸运(Wealth, if not coupled with Wisdom, is bane, not boon)。

大量的案例显示，没有智慧相伴的财富对于孩子的教育基本上是灾难性的。许多中国学生在美国被开除，并不是因为学业成绩差，而是因为规则意识差，行为任性蛮横。这些行为背后的根源就是"金钱万能"论。拜金主义泛滥的当下社会里，财富能轻松地扭曲和腐蚀孩子的价值观，让他们不知尊重、平等和规则为何物。美国是一个极为重视规则的国家——高度成熟的西式民主体制建立在高度复杂成熟的规则之上，并且人人都遵守，如3岁的孩子上学前班不可以吃糖果和花生，在高速公路上行驶的速度不能低于每小时27.96千米，房子前后的草地要定期修剪等。在这里不遵守规则，后果很严重。

美国对于规则的执行，没有人性化可言。任何一个中国移民或中国留学生，来到美国的第一课要学会尊重和敬畏规则，否则被开除的概率其实是相当高的。曾有一个在SAT（美国高考）11年级考了2400分（满分）的"学霸"，因为行为问题，就被学校直接扫地出门了。

要解决这个问题，根本上还是要解决父母的价值观问题。如果父母不从内心尊重他人，尊重规则，那么孩子出现上述问题几乎是必然的。

教训三：没有什么可以替代父母投入在孩子身上的时间（There's no substitute for parents' time）。

家庭教育绝对是一项技术、甚至艺术的工作。家长需要投入时间，并且需要言传身教。但实际上我们看到很多家长整天忙于工作，疏于对孩子的教育管理。他们潜意识里的想法是：爸爸妈妈多赚点钱，这样将来可以给孩子以最好的教育，但教育从来不是可以用钱买来的。

留学是为了获得更好的教育，但留学尽量要早，而且必须做留学规划。因为如果从初中毕业就进入美国高中，从语言过渡和课程对接方面都会优于国内的高中以及国内的国际高中（其实就是针对SAT的课外辅导）。

来自厦门的洪同学 2014 年进入美国的 Fairfax Christian 高中。该同学在国内就读于厦门市排名前五的初中，她的英文水平在班级里也是名列前茅。但是来到美国高中后，她发现仍然有很大差距，尤其是在英语课程理解方面很吃力。假如她在国内高中毕业后申请美国的大学，英文的差距就更大。

当地的华人教育专家也建议中国学生最好在 15 岁之前进入美国的高中或初中，一是能尽快掌握英文母语思维下的课程体系，另外也能尽快融入美国当地文化。在申请大学的时候，获得好学校的机会就更多。

人生是一场马拉松，而不是百米冲刺

深圳一所重点中学的一名高二学生，因为一次期中考试成绩从第五名落到第十名被爸爸批评几句，就跳楼自杀了。这件事既让人心痛，也证明一句名言：成功不是百米比赛，是一场马拉松。很多家长非常看重每次考试，并把这种心态转移到孩子的身上，好像一次考砸了，就不应该，就证明学习退步了。这不仅仅是面对挫折时逆商不够的问题，也是家长过于功利的表现。

TIPS

最好的良方是鼓励

家长应教会孩子进行一些积极的自我心理暗示和自我鼓励，比如在学习的地方写一些小纸条，如"踏踏实实复习，不急躁""请把注意力从担心转到学习活动上""不和别人比，只做自己该做的"等。这样的一些小纸条会帮助他们稳定情绪，找回信心。同时，我们也提醒孩子们：学习的态度要实事求是，会了就是会了，不会就是不会，不要不懂装懂，对自己不负责任；遇到自己不能解决的问题，主动跟任课老师交流；学习上不要急功近利，奢望这个星期努力了，下个星期成绩就要有明显的提高。

TIPS

青春期综合征及防治

青春期生理与心理发育不同步，心理发育相对滞后及过度用脑和不良习惯是形成青春期综合征的重要原因。青春期综合征在初中以上年轻人中广泛存在，严重影响青少年的身心健康和学业前途。

青春期综合征机能失衡主要有：

1.脑神经机能失衡

注意力不集中，不由自主地胡思乱想，上课走神儿，思想开小差，从而影响记忆力、思维能力，影响学习，睡眠规律不正常，白天精神不振，上课易打瞌睡、打哈欠，大脑昏昏沉沉，夜晚卧床后，大脑却兴奋起来，浮想联翩，难以入眠。

2.性神经机能失衡

性冲动频繁，形成不良性习惯，男生过度手淫，并且难以用毅力克服，逐渐出现频繁遗精、滑精，性神经由兴奋亢进转为疲劳抑制，快感减弱，性兴奋时间缩短，由于频繁手淫、卫生不洁等使生殖器出现红、肿、痒、臭等炎症，甚至性器官发育不良，小便淋沥不净；女性白带多，色发黄，月经来潮时小腹下坠隐痛，乳房发育不良等。

3.心理机能失衡

表现为忧虑、紧张、抑郁、烦躁、消极、敏感、多疑、自卑、自责，表面上强打精神，内心充满困惑、痛苦、无奈和彷徨，产生厌学、逃学、离家出走、早恋、未婚性行为、性犯罪，甚至感到活着没意思，还不如死了的念头。

青春期综合征主要表现有：

1.苛求体貌

一些青少年对自己的容貌和衣着相当敏感，以至于过分挑剔；有些同学会对客观存在的某一些"丑陋"，如体胖、肤黑、眼小、狐臭等忧心忡忡，烦恼不已，以至难以接受。

2.异性敏感

进入青春期后，随着性意识的发展，青少年对异性的言行举止过分敏感。他们常会把异性对自己的好感当作对自己的"倾心"，而把自己对异性的好感当作"爱情"，造成不必要的苦恼。

3.情感危机

由于青少年情绪波动大，自我控制能力差，因而当他们在学习、交友、生活等方面出现重大波折时，很容易在极度失望和沮丧的情况下做出莽撞之事。

4.心灵空虚

一些青少年对任何事物都缺乏兴趣，提不起精神，似乎生活中根本没有能引起其兴趣的因素，整天无所事事。心灵空虚是青春期综合征中，负面影响最为严重的心理失衡现象。

此外，青春期综合征还表现为严重厌学、社交障碍、离家出走等现象。

尽管青春期综合征不属于严重的心理异常的范畴，可其对青少年心理的良好发展和人格的健全却是十分有害的。如果不能迅速地走出这种心理误区，则有可能导致较为严重的心理障碍。

预防青春期综合征应该注意以下几方面：

🍄 正确认识自己和接纳自己。认识自己就是自我认识。自我认识与行为适应心理健康的关系是极为密切的。一般说来，自我认识与其本身的实际情况越接近，社会适应能力就越强，也就越能保持心理的健康；相反，自我认识与其本身的实际情况差距越大，则社会适应能力就越弱，也就越容易产生心理问题。

🍄 逐步提高受挫折的能力。挫折锻炼是指利用随时随地都可能发生的挫折情景，有目的进行锻炼，从而增强应付各种难以预料的挫折的能力。挫折具有的实质是获取挫折的心理体验，并在此基础上，通过自己的努力去克服挫折以提高对挫折的承受能力。

🍄 努力控制自己的消极情绪。良好稳定的情绪是心理健康的基本条件。控制自己消极的情绪，首先，应该具有正确的思维方法，懂得万事都不可能按自己的主观愿望顺利发展；其次，必须纠正自我评价的偏差，避免不必要的消极情绪产生。

🍄 要有意识地扩大人际交往的范围。积极参加各种感兴趣的活动，如打球、下棋、游泳等，以分散青春期综合征对自己的影响，尽可能摆脱这种顽症。

🍄 正确对待孩子的"偏科"问题

偏科，我们在前文的小学阶段也提过，初中是偏科现象出现的高峰期，进入高中，偏科也很常见。其实，偏科是一种正常现象，并不可怕，孩子们对各门课程的兴趣不同，投入的精力不同，各科的成绩难免存在差别。

过年的时候，有新认识的朋友跟我说，他家的孩子在上高二时，各门功课成绩还不错，唯独数学成绩偏差。这门课让孩子很头痛，孩子每天一拿起数学习题就愁眉苦脸，对这门课几乎丧失了信心，换了许多家教也不行。有时候他就想，要不就让孩子放弃数学算了，改在别的科上用用劲，多加点分数就补回来了。

这种想法，当然是不对的。发现孩子出现偏科问题，家长首先应该找原因，而不是想着干脆放弃好了。

一般来说，中学阶段的孩子偏科的原因有两种。第一种是受教师影响。孩子偏爱某一学科的老师，能提高该科学习成绩，而好的学习成绩又强化了对该科老师的喜爱，形成良性循环；反之，孩子不喜欢某个老师，也往往不喜欢某个老师所教的学科，久而久之，学习成绩下降，丧失了对这一科学好的信心，导致恶性循环。第二种是孩子在从小到大的学习过程中，某些方面的能力长期未得到培养，形成了相对的先天弱势，在面对新增的或者是难度增加的科目时，就表现出力不从心，迟迟徘徊在学科之外。

孩子出现了偏科，家长应该自己先把心态放平，然后教育孩子不要自卑，让孩子掌握积极的心理暗示方法——在面对学习成绩差的科目的时候，自己要在心里暗示自己：加油，我一定能行！以教材为基础，从最简单的习题入手，一点一滴做起，不要贪多。如果哪门科目已经很差了，就不要和其他的同学比，把自己当成下次超越的对象就可以了。而且，即使是再差的学科，孩子也并不是所有问题都一无所知，真正拖累他的可能是这个科目中的某一点或两点。如果他能把这个差中之差找出来，进行强化或突击性的训练，是可以让成绩在短时间里有较大的提高的。

我相信，每个孩子都是有进取心的。有自信做基础，他的上进心就会更强，对于那些成绩平平的方面，他自然会主动去提高。而且，在高中阶段，孩子全面发展的目的，是为了应付高考不"瘸腿"，拿到好的分数；一旦上了大学或进入社会，扬长避短也未尝不可。

文理分科，家长只做参谋和助手

在前文我就说过，高中的孩子已经有了自己的判断力。在文理分科问题上，让孩子通过思考自己做出选择，是一次让孩子独自面对人生挑战的实战演练。家长可以在尊重孩子选择的基础上，适当给出建议，而不是粗暴地干涉。

我在外出进行讲座的时候，曾经有家长这样问我："女儿马上就面临文理分科了，对于女儿学文还是学理，我很纠结。她英语和语文学得挺好，没见她平时怎么用功，但考试总是高分，数理化天天做题却也没有拔过尖。女儿的学校理科强，按她现在的排名两年后考个一本的理科大学应是可以的，但如果考文科的话可能会更好一些。我前几天在电话里跟她班主任老师探讨过这个问题，班主任说他们文科没优势，最好的师资、最好的生源都在理科班，读文科就一定要读到学校文科前30名才有足够的把握进入好大学。我听了更不知道让女儿学什么了。"

这位家长的问题，相信也是很多面临文理分科的孩子的家长共同的问题。关于孩子学文还是学理，众说纷纭，有的说理科将来就业渠道多，有的说到了社会上还是文科的用处大。

那么，让孩子学文还是学理，我建议家长不妨从以下几个方面考虑：

第一，学习的兴趣。俗话说，"兴趣是最好的老师"。兴趣是学习的最大动力，无论选文选理，兴趣是第一前提。如果孩子在学习或者生活中对某方面有着较强烈的兴趣，很关注某科及相关知识或者上某课时比较有精神，就可以考虑选这方面的学科。

第二，做自己擅长的事。特长是学习的推进剂，它使孩子的学习得心应手，在竞争上胜人一筹，是文理科选择的重要依据。如果孩子对某科感觉特别好，或用相同的时间得到的效果比起其他科更好，或以少量时间获得的效果与其他学科花费较多时间获得的效果相当或更好，或者他自身的某些特长与某科的联系很密切，这些都说明他有学习这一科的特长和能力。哪一科能更好地发挥孩子的特长和促进这一特长发展，就应该考虑选择哪一科。

第三，参考历次的学习成绩。学习成绩是选择的最实际的依据。所以了解孩子各科成绩的确切情况是非常重要的。家长可以询问一下孩子各科的授课老师，尤其是班主任，并且查阅一下孩子历次考试的各科成绩，以及文综、理综成绩的排名，再作具体分析比较，看孩子哪科更有潜力，将来更具竞争力；而且还要特别看准三科"拉分科"，了解此三科在文理科选择中至关重要的作用。

第四，让孩子自己做决定，家长只提供参考意见。这一点也是最重要的一点。处于高中阶段的孩子，内心最需要别人的肯定和尊重。对于孩子来说，既然是自己的选择，他就会认真对待，朝着自己设定的目标努力。如果是父母帮他做的决定，或者是父母逼迫孩子做的选择，孩子会有推卸责任的心理，觉得做不好也不是自己的问题。

🍄 文理分科选择的几个误区

作为分科后的高中生，每个人的奋斗目标首先是自己在高考中取胜，所以选择时，不要一味地参照大学文理招生的比例，而是应该思考高考时如何才能马到成功。要知道，社会人才的认可不是以文理科招生比例的大小来体现的，也不是以文科考生还是理科考生来衡量的。

我在这里简单地说一下很多家长和孩子在文理分科选择时经常出现的三个误区：

🍄 **第一，智商高的报理科，智商低的人才学文科。** 这是一种典型的逃避心理。其实，能考上高中的孩子，智力肯定都没有问题，只要全力以赴，不管学什么，肯定能学好。之所以成绩不理想，一般是在学习态度、学习习惯、学习时间和学习方法上出了问题，找出原因并解决问题比简单地换个环境重起炉灶要容易得多。

🍄 **第二，学习好的报理科，学习差的人才学文科。** 这是带有倾向性的社会偏见。其实，学习成绩的高低有多种因素，不能单单凭成绩的高低就做出断然选择。而且，如果数学、英语都好，去读文科，在高考的时候，至少在这二科上能够占大便宜。但如果文科很有天分的话，还是选文科去考，因为兴趣可以激发潜力。

🍄 **第三，理工类的专业比文科的就业前景好。** 其实，在大学里，还有很多半文半理的专业可以选择，如市场营销、电子商务、经济管理等。重要的是，进入社会以后，更多的时候不在于你大学学的是什么，而是你在大学里学到了什么。因为大学的东西只是提高了你的综合素质，让你的接受能力更强，以后的前途还是靠自己去创造。

🍄 帮助孩子学会管理情绪

青春期的高中孩子，除了求学之外，难免会遇到别的难题，这些都会影响孩子的情绪。这个时候，家长需要做的，是和孩子一起寻找解决问题的方法。当问题解决，孩子的情绪好转，自然会变得乐观起来。

我表姐家的孩子去年上高一了。从三流初中考到一流高中，孩子的努力是有目共睹的。但换了新的环境，班上的同学都是各个学校的尖子生，期中考试的时候他的成绩排名自然不像初中时那么靠前了。孩子估计心理落差挺大的，期中考试都过去大半个月了，还陷在情绪低潮期没爬上来，而且对我表姐说讨厌去上学。我表姐一听，急了，赶忙拉着孩子就上我家来了，说要我帮忙开导开导孩子。

在跟孩子交谈的时候，他问我："姑姑，你会不会觉得我变笨了，考不过别人了？"

"当然不会，孩子，一次考试的排名并不能代表什么，而且，我们学习也不是为了考试，而是为了学习更多的知识。在学习的过程中，收获比考试结果更重要。不信你问问你姐姐。"我很坚定地告诉他我的想法，还把女儿也拉进来了。

女儿懂我的意思，不仅帮忙给弟弟疏导情绪，还把自己高中时候的糗事也"抖"了出来博大家一笑。在轻松的氛围中，孩子的情绪明显由低转高了，他跟我们说会继续努力的。

高中阶段的孩子，内心有强烈的被认同和实现自我价值的渴望与诉求。如果这些能够得到满足，孩子通常会表现出愉悦的心情；如果没有得到满足，孩子就会出现情绪和行为上的偏差。偶尔的消极情绪不会对孩子有坏影响，但如果经常情绪消极，会使孩子处于焦虑和低落的心境之中，对孩子的健康成长是非常不利的。

七、 扩展阅读

给12～18岁孩子家长的一封信

亲爱的家长们：

18岁，孩子们长大了，不是玉树临风，就是亭亭玉立。他们将以最青春的模样走进社会。给这个阶段的父母的建议如下：

1. 从了解孩子青春期身心的复杂变化开始，做一个宽容和智慧的家长。

2. 学会倾听，并以最大的包容心态对待孩子莫名奇妙的青春躁动期。

3. 要主动与老师保持沟通，多方面关注孩子的情况，不要武断，要观察入微。

4. 不要害怕孩子早恋。其实这个时候是孩子对异性关注的必要时期，要提醒他们，保护好自己十分重要。

5. 要密切关注孩子的情绪变化，注意精神障碍、校园暴力倾向，既要求自己的孩子不要成为施害人，也不要成为受害人。

这个时候，孩子迫切需要我们家长以成人的身份对待他们，虽然在我们看来孩子还是孩子，但是好父母应该开始鼓励他们尝试一些显得幼稚的举动，要知道，这是青春勃发的象征，是风华正茂的开端。

第五章

陪伴，和孩子一起
成为更好的自己

进入21世纪，信息社会对人的素质要求越来越高。任何岗位都要求培训、考核，但似乎只有生养、教育孩子不需要培训，好像自动就会上岗而且永远不会下岗，其实这种认识是错误的。每个人在做父母之前都要学习相关的知识，关于怎样做父母的意识和知识准备得越早越好，越充分越好。

一、作为21世纪的青少年，应具备什么样的品质

> 著名职业规划师古典在《未来30年，孩子所面临的职业世界会是怎样的》演讲中说："对于70后、80后来说，进名校，入外企，做公务员，不管出身如何，通过个人的拼搏总是有机会过上父辈们期待的那种中产阶级生活。"

我们的孩子，他们面临的环境和竞争会远远超出我们这一代人可以理解的范畴。

未来世界的主人翁需要什么教育？

从理性到感性。著名未来学家丹尼尔·平克说，未来人要有六种技能：设计感、讲故事的能力、整合事物的能力、同理心能力，还有需要会玩，需要找到意义。简单来说，2040年当我国和美国的人均GDP持平的时候，活得很好的人应该是这样：有品位，会讲故事，能跨界，有人情味儿，会玩儿，而且有点自己的小追求。

如果在20世纪90年代，可能家长们会建议儿女们选择做公务员、银行柜员和土木工程师。因为一技傍身，有组织，有单位，最安全。可能近些年家长会鼓励孩子去读国际贸易、金融和计算机工程。但是在2040年，社会中最核心、最优秀的一群人，一定干着像产品经理、导演、旅游设计师这种人文和科技交融的职业，它们才是未来的大趋势。

从规划到创造。1953年，哈佛大学做了一个关于目标对于人生结果的调查，发现27%的人没目标，60%的人目标模糊，10%的人目标清晰，但比较短期，3%的人目标清晰且长远。在过去了25年后，调查发现目标越长的那群人，活得越好，3%的人进入了社会顶层，而27%的人活得很糟糕。但经过调查证实，这完全是一个从头到尾编出来的故事。编出来的故事为什么流传甚广？因为符合我们对于

错误的判断，我们总是希望未来被计划、被规划、被设定，父母希望孩子能够很早就定下来，不要动。

孩子真正面临职业变化的时候，什么都不懂，因为他一次都没有做过选择。所以在今天，一个真正比较恰当的人生态度是适应比规划更重要。我们应该鼓励孩子订一个三到五年的计划，然后锻炼自己极强的跨界整合的能力，保持好奇心，拥抱变化，在恰当的时候可以创造自己喜欢的事业。

不是每个人都能拥有成功的人生，一定要让你的孩子有幸福的能力。所谓幸福是有意义的快乐。爱因斯坦成功地创造了一个能发挥自己优势的工作方法。有些人可以把兴趣变成自己热爱的事业，还有些人找到了工作背后的意义。所有这一切都能让你觉得工作虽然不是最成功的，但在工作中一定能让人感到更加幸福。

有一天，我在一个小吃店吃饭，看见走进来一位中年男人。他提着一把小提琴，旁边跟着一个小姑娘，她嘟着嘴一脸不开心的样子。原来小姑娘刚参加了小提琴的三级考试，没考过。中年男子对小姑娘说："爸爸当年给你报这个小提琴班，不是为了让你考级。爸爸是希望等你长大了，不在你身边时，你觉得不开心了，把琴箱打开，给自己演奏一曲。当熟悉的音乐环绕着你，就好像爸爸还在你身边一样。我希望你有一个爱好，能在每时每刻陪伴着你。"我听后感动极了。

TIPS

青春期综合征及防治

美国的伯尼·特里林和查尔斯·菲德尔在合著的《21世纪技能》这本书里，详细分析和预估了未来教育的趋势，提出了生活于这一复杂而相互密切关联的21世纪必备的技能。21世纪的教育，不仅包括传统的教育科目，如阅读、写作、算术等，更应注重适应现代社会的主题，如全球化意识、经济、健康与环境保护素养等。一句话，21世纪的学校，应该教会学生运用21世纪的技能，去理解和解决真实世界的各种挑战！

这些技能应该包括：

🍄 学习与创新技能——批判性思考和解决问题的能力、沟通与协作的能力、创造与革新的能力。

🍄 培养数字素养技能——信息素养、媒体素养、信息与通信技术素养。

🍄 职业和生活技能——灵活性与适应能力、主动性与自我导向、社交与跨文化交流能力、高效的生产力、责任感、领导力等。

中国的家长可以关注这本书，因为我们太重视高考了，而且把成绩当作唯一的标准。这本书对一个孩子从出生到成年（0~18岁）的家庭教育规划及基本原则，以及一些观念、一些建议作了初步的描述，告诉家长还应怎样系统地培养孩子，让他们成为优秀、快乐、有益于社会的人。

二、智慧教育的含义和内涵

本书的第一章里，我们就谈到孩子在0~3岁阶段，家长应该如何重视大脑神经元连接的高速期，充分给予孩子更多的视觉、听觉、触觉等刺激机会，让孩子的智商得到充分的发展。

当然，智能发展是一直进行的。下面我们再深入探讨一下对智商教育的新认识。

🍄 智商是智力商数的简称

智商是通过一系列标准测试出来的人在其年龄段的智力发展水平。智力也叫智能，它是人们认识客观事物并运用知识解决实际问题的能力。智力表现在多个方面，如观察力、记忆力、想象力、创造力、分析判断能力、思维能力、应变能力和推理能力等。

🍄 智力测试

它主要测验一个人的思维能力、学习能力和适应环境的能力。现代心理学界对智力有不同的看法。所谓智力，就是指人类学习和适应环境的能力。智力包括观察能力、记忆能力、想象能力和思维能力等。智力的高低直接影响到一个人在社会上是否成功。智力的高低（即智商）以IQ来表示，正常人的IQ在80~120之间，其中80~90属于中下，90~110属于正常，110~120属于中上。70~80属于低下，70以下属于智力缺陷，120~130属于上等，达到130属于超常，达到140基本就算天才了。一般来说，智商比较高的人，学习能力也比较强，但这两者之间不一定完全相关。因为智商还包括社会适应能力，有些人学习能力强，但社会适应能力并不强。

1905年，法国心理学家比奈和西蒙制定出了第一个智力量表——比奈－西蒙智力量表。1922年，其传入我国。1982年，其由北京吴天敏先生修订，共51题，主要用来测量小学生和初中生的智力。1916年，美国韦克斯勒编制了第一版韦克斯勒成人智力量表（WAIS）；1949年，韦克斯勒发布了第一版儿童智力量表（WISC）；1967年，韦克斯勒发布了第一版韦氏幼儿智力量表（WPPSI）。韦氏量表于20世纪80年代中后期被引进我国，经过修订后出版了中文版，因而应用较广。

🍄 智力至少由三种能力组成

智力测试在过去几十年里一直被用来衡量智力水平，后期研究发现，智力测试存在根本性缺陷，因为智力测试没有考虑到人类智力的复杂性和不同组成部分。此前有一些研究利用基于智力测试得出的结果，将智力水平与人种、性别和社会阶级联系起来，并且得出了极其具有争议的观点，即一些人群的智力天生就不如另一些人群。这一研究结果对上述研究的正确性提出了质疑。

智力由三种能力组成：短期记忆力、推理能力和语言能力。正如海菲尔德博士所说："100多年来，许多人以为我们可以基于总体智力的概念将人加以区分，人们往往只在意一个数字，即智商。现在证明，这么做是错误的。"

🍄 智力包括多个方面

我们不能完全否定沿用几十年的韦氏量表对智商的测定法，但是，对于智商的新定义和新方法，的确需要新的教育思维。

孩子未来面临的是与真实世界相关联的环境，如果他们从小的学习是知识导向，或者操作技能导向，在未来未必能够应对真实世界中的各种问题。

中国孩子在数理化及科学学科的学习能力非常强，但同时也凸显了其短板，即中国孩子解决问题的能力，包括回归到真实世界的实操能力都比较弱。这正是我们国家和民族缺少创新的主要原因。现在国家从主导层面在大力提倡"万众创新""高端制造2025计划"，这一切都是人们必须迎接的新变化。这些变化不仅仅是对教育的变革，更核心的是对人才的定义、需求和培养都有了新的要求。

所以，我们家长应该开始思考并在实践中落实基于一个无限制的综合素养的拓展概念，包括心理经验和社会经验，以及合作力、领导力和创造力的综合智商的培育观念。

三、成功与情商的联系非常密切

近几十年来的研究开始把重点转向情绪智商（情商），认为这才是决定成功人士与其他人不同的关键因素。成功与情商的联系非常密切，几乎90%的成功人士都拥有超高的情商水平。

🍄 情商是一种自我情绪控制能力

情商(EQ)，一个近几年才提出来的，相对智商而言的心理学概念，是情绪的商数，又称情绪智慧；指人的乐观与悲观、急躁与冷静、大胆与恐惧、沉思与直觉等情绪反应的程度。科学家发现，大脑控制情绪的部分（边缘系统）受损的人，可以很清晰和符合逻辑地推理和思维，但所做出的决定都非常低级。科学家因此断定，当大脑的思维部分与情感部分相分离时，大脑不能正常工作。人类在做出正常举动时，综合运用了大脑的两个部分，即情感部分和逻辑部分。一个高情商的人是会综合利用大脑中的各个部位的，并在大多数情况下运用其大脑皮层部分。

情商不仅仅是指良好的人际关系，更应是遇到问题时的处理方式和方法，控制情绪才能控制未来。

情商取决于人的责任感和目标感，当遇到问题的时候，永不言弃；遇到利益冲突的时候，正确处理。

提高情商其实有着简而易行的方法，就是坚持。

🍄 学会划定恰当的心理界限，这对每个人都有好处。你必须明白什么是别人可以和不可以对你做的。当别人侵犯了你的心理界限，告诉他，以求得改正。如果总是划不清心理界限，那么你就需要提高自己的认知水平。

🍄 找一个适合自己的方法，在感觉快要失去理智时使自己平静下来，从而使血液留在大脑里，做出理智的行动。美国人曾开玩笑地说：当遇到事情时，理智的孩子让血液进入大脑，能聪明地思考问题；野蛮的孩子让血液进入四肢，大脑空虚，疯狂冲动。是的，当血液充满大脑的时候，你头脑清醒，举止得当；反之，当血液都流向你的四肢和舌头的时候，你就会冲动暴躁，做蠢事，口不择言。

🍄 想抱怨时，停一下先自问："我是想继续忍受这看起来无法改变的情形呢，还是想改变它呢？"对于没完没了的抱怨，我们称之为唠叨。抱怨会消耗力气而又不会有任何结果，对问题毫无用处，又很少会使我们感到好受一点。

🍄 扫除一切浪费精力的事物。许多人的神经系统就像父亲的手一样长了厚厚的老茧。我们已经习惯于意识不到精力的消耗。精力是微妙的，但也可以体会到明显的变化，比如听到好消息时，肾上腺素会激增；而听到坏消息时，会感到精疲力竭。我们通常不会留意精力细微的消耗，比如与一个消极的人相处，在桌上到处找一张纸等。我们需要去除缓慢地浪费精力的东西，解脱出来以集中精力提高我们的情商。

🍄 找一个生活中鲜活的榜样。在周围的人中找出你学习的榜样吧！他们比你聪明，所受教育更好，层次更高，比你更有毅力。你会在追赶他们的过程中自然地提高自己的情商。

🍄 从难以相处的人身上学到东西。难以相处的人是我们提高情商的帮手。你可以从多嘴多舌的人身上学会沉默，从脾气暴躁的人身上学会忍耐，从恶人身上学到善良，而且你不用对这些老师感激涕零。

四、健康虽不是一切，但失去健康，就意味着失去一切

健康是现代社会人们追求的重要目标，拥有健康并不意味着拥有一切，但失去健康则意味着失去一切。1989年世界卫生组织认为健康应包括躯体健康、心理健康、社会适应良好和道德健康。

🍄 健商：有健康才有一切

HQ是Health Quotient（健康商数）的缩写，是指一个人已具备和应具备的健康意识、健康知识和健康能力。

健商是由加拿大医学专家谢华真教授首创的。它不是对智商、情商的简单模仿，而是谢教授在对现代西方主流医学和保健思想的反思和批评的基础上，提出的一个崭新的保健理念。健商即由此入手，通过提供全球医学的最新发展情况，使人们可以在可信的数据和可靠的事实的基础上，转变对健康的看法，做出关于自我健康的决定。

健康是人生最大的财富，如果健康是1，事业、爱情、金钱、家庭、友谊、权力等是1后面的0，故光有1的人生是远远不够的，可若失去了1（健康），后面的0再多对你也没有任何意义。正所谓："平安是福""身体是革命的本钱"。幸福的基础是关爱、珍惜自己的生命，并努力地去创造、分享事业、爱情、财富、权力等人生价值。

为啥要给孩子上"健商"课

健康的身体不但能让一个人阳光和漂亮，更重要的是有好身体才有能力工作。

作为家长，就要注意从孩子小时候起培养孩子健康饮食和运动的习惯。

首先要培养孩子良好的饮食习惯，控制食用垃圾食品。现在城市里有太多的"胖墩"了，儿童肥胖比例一直在递增。孩子大多喜欢待在屋里，一是安全，二是家长本身也喜欢宅着。我们必须鼓励孩子从小喜欢运动，到操场上游戏，去户外玩耍。

在美国，学校放学早，有计划的学生放学都会去参加一些运动项目，如橄榄球、棒球、网球等，加上美国的公共运动设施完备，所以，这里的人体格明显比我们亚洲人壮些。虽然与遗传和饮食有关，但是从人的状态上，家长是真心希望孩子多运动。热爱运动和热爱大自然的孩子，就会热爱生活，热爱生命；多运动，会让孩子充满魅力，充满动力，充满自信。

TIPS

家长在促进孩子锻炼方面能做些什么

首先，配合学校向孩子大力宣扬体育锻炼对健康生长发育的重要性。

其次，要以身作则，积极参与运动，和孩子一起锻炼，享受天伦之乐，同时共同增进健康，为孩子创造一个体育锻炼的健康氛围。

第三，家里应该购置一些必备的体育锻炼用品，如各种球类、健身用品等。

五、 财商已成必备的生存能力

财商和情商、智商一样已经被列为现代社会三大不可或缺的生存能力，应该从娃娃抓起。父母都舍得培养孩子的情商、智商，那么财商同样应该受到重视。

🍄 什么是财商教育

它指一个人与金钱（财富）打交道的能力，包括观念、知识、行为三个部分，这三部分我们称作"财商等边三角形"。

三角形的第一条边是思维（观念），就是面对金钱和财富去想的问题；第二条边是知识，即面对金钱和财富怎么去想的问题；第三条边是行为，即面对金钱和财富如何去做的问题。这三个部分互相支撑，互相影响，互相关联，构成了财商的动态系统。财商教育是教给学生们必要的、适当的经济常识，以及训练伴随着同学们成长的非常重要的思维能力：独立思考能力、创新能力、自我管理能力、有效学习能力。（引自财商教育专家张鹏著《财商教育》。）

财商（FQ）与智商（IQ）、情商（EQ）一道被称为现代经济人必备的"三商"。关于财商的系统学习与训练，就是财商教育。

🍄 《富爸爸穷爸爸》与《小狗钱钱》

《富爸爸穷爸爸》是一个日裔美国人写的书。罗伯特·清崎有两个爸爸："穷爸爸"是他的亲生父亲，一个高学历的教育官员；"富爸爸"是他好朋友的父亲，一个高中没毕业却善于投资理财的企业家。清崎遵从"穷爸爸"为他设计的人生道路：上大学，服兵役，参加越战，走过了平凡的人生初期。直到 1977 年，清崎目睹一生辛劳的"穷爸爸"失了业，"富爸爸"则成了夏威夷最富有的人之一。罗伯特·清崎毅然追寻"富爸爸"的脚步，踏入商界，从此登上了致富快车。

清崎以亲身经历的财富故事展示了"穷爸爸"和"富爸爸"截然不同的金钱观和财富观。穷人为钱工作，富人让钱为自己工作。

这本书是一本很好的财商教育读本，有机会大家一定得看看。

另外，博多·舍费尔的《小狗钱钱》是一本教小孩如何去理财的童话书。作者是欧洲第一理财大师，拥有"欧洲巴菲特"和"欧洲第一金钱教练"的美誉。

故事是这样的：吉娅是一个普通的 12 岁女孩，一次偶然的机会，她救助了一只受伤的小狗，并给它取名叫"钱钱"。没想到，钱钱居然是一位深藏不露的理财高手，它彻底改变了吉娅一家人的财富命运……

我们的国家已经进入世界经济大家庭中，每个人都应该接受财商教育。尤其是我们传统的教育理念中，缺少财商的教育。所幸的是，现在一些有识之士开始呼吁和落实财商教育了。

要想口袋有钱，必须观念超前

在美国人的玩笑话里，他们经常说："世界的钱在美国人的口袋里，而美国人的钱却在犹太人的口袋里。"

犹太人从小就教导孩子如何挣钱，因为犹太人认为："你既然可以给孩子买玩具玩，为什么不让他们学习怎么样做生意？同样可以乐在其中。" 这就是犹太人的逻辑。

在美国，孩子的零花钱大都不是白拿的，一般都是说好，"你做多少活，给你多少钱"。但是犹太人却认为，这样还是太被动了，他们的方法是：让孩子们到院子里去走走，自己去找有什么可做的事情，然后告诉我们"我可以做什么，要给我多少钱"。这是一个完整的"谈判"过程：他们四处寻找"需求"，然后来和我们谈，应该付多少钱。这样他们就学会了"提案"和"讨价还价"，并且他们得不到固定的零用钱，除非他们自己发掘挣钱的机会。

理财习惯，应该从小培养

我家的孩子各有两个储蓄罐，他们挣的钱一半存入家庭账户，一半存入玩具账户。玩具账户的钱，他们可以随便花。但是家庭账户的钱，每半年去银行存一次。

在犹太人的法则里，生存能力对孩子来说是最重要的，赚钱能力是生存能力之一，而学习是为了生存能力服务的。

六、补上"逆商教育"这一课

逆商（Adversity Quotient，AQ）全称逆境商数，一般被译为挫折商或逆境商。它是指人们面对逆境时的反应方式，即面对挫折、摆脱困境和超越困难的能力。

在市场经济日趋激烈的今日，一个人事业成功与否，不仅取决于其是否有强烈的创业意识、娴熟的专业技能和卓越的管理才华，而且在更大程度上取决于其面对挫折、摆脱困境和超越困难的能力。

AQ不仅是衡量一个人超越工作挫折的能力，它还是衡量一个人超越任何挫折的能力。同样的打击，AQ高的人产生的挫折感低，而AQ低的人就会产生强烈的挫折感。

心理学家认为，一个人事业成功必须具备高智商、高情商和高挫折商这三个因素。在智商跟别人相差不大的情况下，挫折商对一个人的事业成功起着决定性的作用。

高AQ可以帮助人们产生一流的成绩、生产力、创造力，可以帮助人们保持健康、活力和愉快的心情。有研究显示，AQ高的人手术后康复快；销售业绩也远远超过AQ低的人，在公司中升迁的速度也快得多。

高AQ是可以培养的，并且最好是从小培养，所以许多教育机构开始提倡挫折教育。

在挫折商的测验中，一般考察以下四个关键因素——控制(Control)、归属(Ownership)、延伸(Reach)和忍耐（Endurance），简称为CORE。控制是指自己对逆境有多大的控制能力；归属是指逆境发生的原因和愿意承担责任、改善后果的情况；延伸是指对问题影响工作、生活其他方面的评估；忍耐是指认识到问题的持久性以及它对个人的影响会持续多久。

可口可乐的总裁古滋·维塔是一个高逆商的人。这位著名的古巴人40年前随全家人匆匆逃离古巴，来到美国，身上只带了40美金和100张可口可乐的股票。40年后，他领导可口可乐公司，让这家公司在他退休时股价增长了7倍！整个可口可乐价值增长了30倍！他在总结自己的成功历程时讲了这样一句话："一个人即使走到了绝境，只要你有坚定的信念，抱着必胜的决心，你仍然还有成功的可能。"

古滋·维塔是高逆商的代表，他一生经历了无数的坎坷，但都一次又一次地被他客服了。也许有人会说：因为他成功了，所以就说他逆商高。的确，人们对成功者的评价往往是"马后炮"，在他们成功以后再总结其成功的要素，而不能有"先见之明"。同样地，以往人们常常凭借直观感觉来看待一个人对困难的态度，认为这个人持之以恒、坚忍不拔，抑或意志力薄弱、缺乏耐心等，这种观察是模糊不清的，对个人的培养锻炼没有任何实际意义。

前两年，麻省理工学院（MIT）斯隆管理学院的28岁中国女留学生自杀于公寓，引起了很大的反响。在外人看来，她是麻省理工学院的精英，但是却很少有人知道她所承受的心理压力。她在博客中这样写道："在哈佛上暑期班，一样年纪的美国上层阶级的女孩子，不论是白人还是华人，都要比我成熟和老练很多。""在麻省理工商学院，跟世界的高级人才比，我唯一的优势就是一口流利的中文……同学们不光工作认真勤奋，并且十分高效和考虑周全。不光学业和工作的专业程度让我无法胜出，而且我发现他们很会说话和做人。他们知道什么时候该说什么，知道如何不动声色地达到他们的目的。"

日记中流露出的是她面对短暂挫折的困惑。如果她的心理够强大，有很好的面对挫折的积极心理，也许就不会出现这样极端的事情。

面对逆境，如果选择了放弃，也就是选择了失败。在人生的旅途中，一些人虽然也曾经努力过，但收效甚微。这是因为在前进的旅途中遭遇了困难，漫长的、看起来毫无结果的征途使他们厌倦了，于是，他们就会停下来，寻找一个避风的港湾，在那儿躲避风浪。

没有什么比半途而废的放弃和丧失希望对未来的威胁更大了。放弃和丧失希望不仅不能解决现实存在的问题，而且还会让人们在未来陷入更大的困境之中。

美国的《成功》杂志每年都会报道当年最伟大的东山再起者和创业者。他们的传奇经历中有一个相同的部分，那就是他们在遇到强大的困难和逆境时始终保持乐观的态度，从不轻言放弃。

七、家长不能忽略爱与性的教育

关于爱的话题很多，在这里想分享亲情之爱、友情之爱和爱的能力。

🍄 爱是教育的灵魂

大多做父母的都会被孩子问过这样一个问题："我是从哪里来的？"大多家长都很含蓄，或用躲避的方式，或含糊其辞。一般回答："你长大就知道了！""捡来的。"

其实，家长忽略了这正是爱的教育的最佳时机。这时，你应该非常正式地回答这个问题，并深情地看着你的孩子："太好了，我终于等到你来问我了。妈妈（爸爸）告诉你……"你要告诉孩子，他（她）是父母爱的结晶。

我曾这样跟孩子描述孕育她的过程，我说："你在妈妈肚子里，为了你的健康，我要拼命吃东西，而且原来有些不吃的东西、讨厌的口味，都要吃！当你在妈妈肚子里长大，要出来的时候，产道要经历很痛的过程，所以生命的形成是很神奇很伟大的。"

这样，孩子会感受到生命的伟大，懂得生命不仅仅是自己的，也是爸爸妈妈和她生命的连接。爱护自己的生命就是爱护爸爸妈妈的生命，当一个人有责任的时候，就不会轻易放弃生命。

《爱的教育》由夏丏尊先生于 1924 年对照日、英译本将这本书译为中文，漫画家丰子恺先生做插图和封面，由上海开明书店出版。夏丏尊先生在翻译《爱的教育》时说过这样一段话："教育之没有情感，没有爱，如同池塘没有水一样。没有水，就不成其池塘，没有爱就没有教育。"

这本书以一个小男孩安利柯的眼光，从 10 月份 4 年级开学第一天开始，一直写到第二年 7 月份。全书共 100 篇文章，包括发生在安利柯身边各式各样感人的小故事、父母在他日记本上写的劝诫性启发性的文章，以及 10 则老师在课堂上宣读的精彩的"每月故事"。每章每节，都把"爱"表现得精细深入、淋漓尽致，大至国家、社会、民族的大我之爱，小至父母、师长、朋友间的小我之爱，处处扣人心弦，感人肺腑。100 多年来，此书一直畅销不衰，并且曾多次被改编为动画片、电影、连环画，读者遍布全世界。

这本书读起来，我们会感到在作者细腻的笔触中体现出来的近乎完美的亲子之爱、师生之情、朋友之谊……

爱，像空气，每天在我们的身边，因其无影无形而常常会被我们忽略，可是我们的生活不能缺少它，其实它的意义已经融入生命。爱也是一种能力、一种分享，世界上很多的东西都是分出去的就会减少，只有爱是分得越多爱越多。

🍄 性是生命中最美好的事情之一

女儿在 8 岁的时候，开始对我的生理周期莫名地感兴趣，问我是否需要卫生巾等。一开始我不怎么搭理她，后来我想明白了，这时应该要正确引导，让她明白这件事。于是我就叫她到我的房间里，问她："你是否看到妈妈在流血，感到很好奇？"她说："是的。"我就跟她讲："每个女人都会有生理周期，你也一样。到时候一定记得第一时间告诉妈妈。"

果然有一天，她悄悄地走近我的身边说："妈妈，我来月经了。"

我又惊又喜，喜的是我的女儿长大了，惊的是我该如何引导她爱护自己的身体。我跟她说："好啊，让老爸请你吃饭，庆祝一下。"但同时我也很严肃地跟她说道："以后除了女性能知道你的新情况，其他人是不能知道这些事情的。还有不要轻易跟任何一个男性独处过久，这样才能预防一些特殊伤害的发生；如果遇到男性的侵害，无论什么时候，都要告诉妈妈。妈妈是你坚强的后盾，即使有人威胁你，你也不用恐惧，任何坏人都是纸老虎！"

到了女儿 16 岁的时候，我开始关注她对性的态度。

我问她："你知道避孕套是什么吗？"

她回复道："知道。"

我就跟她详细地谈了一些青春期的生理注意事项，尤其是女孩子应该如何保护自己的身体。

现代社会，高中阶段学生谈恋爱是正常的，在美国称作"恋爱练习"，意思是这个阶段的孩子，他和她的恋爱是懵懂的，也是人生成长必须经历的过程。这件事是我们家长无法控制的，但引导孩子保护自己就十分重要了。这时家长不应放纵和严加管束，而应是信任和细心并存。

家长的神经"雷达"要内紧外松

互联网时代，孩子接触的信息比较庞杂和混乱，事实上，对于"性"的理解和态度，当前我们面临着性愚昧和性泛滥的双重挑战。面对这个棘手的问题，首先不可大意，一定要从细微处体察，当出现出门就过分打扮、精神恍惚、沉闷不语、深夜不归等不正常现象时，家长的神经"雷达"就必须开始开动了。

疏导才是王道

青春期的性教育往往涉及一个人生活和思想中最隐秘、最敏感的领域，它是一项细致复杂的教育任务。家长既不可装聋作哑，又不可随口乱说。我们建议家有男孩，由爸爸做好疏导工作，毕竟都是男性，而且爸爸肯定记得自己的性萌动期。爸爸可以以一种既轻松又严肃的沟通和疏导方式，让男孩能接受自己的身体变化。更重要的是，爸爸一定要培养孩子注意保护别人和承担责任的态度；对于女孩，妈妈要及时了解孩子的身体变化和情绪变化，帮助孩子度过性的挣扎期。

预防的盾牌必须要有

家长要经常与孩子探讨关于身体、关于性行为的安全等问题，另外也要跟学校老师了解孩子在学校的一些行为，支持学校要求学生接受性生理和性心理等方面的自然科学知识和社会科学知识的教育。家长必须强化道德观念，形成一种稳定的心理定式，养成良好的行为习惯，以及具有强烈的道德情感和内在的控制力量，并能理智地把握自己，使生理需要同道德原则结合起来，把道德原则内化为自己的行为准则。

八、 教育孩子，只要开始了，永远都不会晚

这本书的内容从孩子出生一直讲述到18岁，其实家庭教育是伴随终身的，仅仅是每个阶段都有不同的主题和方式而已。到了18岁，孩子基本长大了，我们开始认可他们的思考和行为方式了。

上天赋予我们做父母的责任，就是要求我们要永远给予孩子精神和经验的支持。

一次我在成都讲课。结束后，有位女士走过来向我咨询孩子的教育问题，她说："我有一个17岁的男孩，学习不好，习惯也不好，而且跟我一直对立。我都快崩溃了，为什么养孩子养成仇人了？我真的要放弃了！"她边说边哽咽，好像没有任何方法。

我马上跟她说："教育孩子，什么时候开始都不晚，从现在开始你就只找他的优点！"

她反驳我："没有啊！我看不到！"

我说："至少他健康吧！先从他的外形开始赞扬！你写纸条，先悄悄地写，开始他一定不在意，或者不理会，不过你只要坚持做，3次以上就有效果了！"

这位妈妈按照我说的去做了，在写了4次纸条后，孩子就有了正面的回应。他们的关系舒缓了。后来，孩子开始尊重和理解妈妈了。

两年后的一天，这位妈妈突然给我打电话。说实话，我都忘了她是谁了。但是，她激动地告诉我："孩子今年考上了省级一本大学。自己都难以想象，因为之前觉得他连高中毕业都困难啊。"

　　最强大的力量就是爱的力量，因为有爱的力量，教育子女什么时候都不晚。我们变了，孩子就变了，家长要有耐心和相信孩子。就像我经常听到的一个家长的口头禅："You can do it!"

　　培养孩子的过程是一个艰辛劳累的过程，不可避免地会出现这样或那样的不合乎家长意愿的、操心费力的事。"天才"不能创造，但家长只要不失时机地去发现、培养，开发孩子天赋中的特长，鼓励他以自己的勤奋努力去走自己所追求的人生道路，孩子就很有可能获得成功。家长不仅是孩子的天然教师，也是监护人，同时是伙伴、朋友和榜样。孩子的言行举止无不体现着家长们的思想和意识形态。"当父母不容易，当好父母更不容易"。

附录

94条家庭教育经典语录

1. 在家庭教育中一定要记住情感教育永远都大于道理教育。

2. 教育更要重视孩子良好习惯的养成。

3. 孩子将来成为一个什么样的人永远比孩子现在的成绩是怎样的更为重要。

4. 良好的习惯是孩子所储存的资本，会不断增值，而人的一生就在享受着它的利息。

5. 一种行为的反复养成习惯，习惯反复形成品质，品质改变命运。

6. 只有父母与教师养成了良好的教育习惯，您的孩子或学生才能形成良好的习惯。

7. 对孩子的教育不能只注重智力和分数，因为决定人生成败或幸福与痛苦的往往不是学问的高低，而是人格的健康水平，行为习惯恰恰是影响人格发展的关键因素之一。

8. 爱孩子并不意味着一定理解孩子，要和孩子成为朋友，教育才能发挥作用。

9. 父母要给予孩子自由成长的空间，对错误的方向给予引导，对于正确的方向给予鼓励。

10. 父母在教育子女前最好先学习下先进的教育方法。

11. 中国年轻的父母不应只是花数千元学开车或给自己孩子送到幼儿园，还应参加家庭教育培训。

12. 父母不应把所有的教育都寄托在学校和老师身上，因为孩子一年有一半的时间都在家里，所以家庭教育和学校教育一样重要，甚至更重要。

13. 孩子坏的习惯80%都是在家里形成的。

14. 父母不要万事代劳，剥夺孩子的生活自立能力。

15. 父母要想培养孩子一个健康的人格，就一定要营造一个轻松和睦的家庭。

16. 孩子挑食是从父母谈哪一个不好吃开始的。

17. 打骂不能解决孩子的教育问题，只能宣泄父母的急躁情绪。

18. 父母要准备一个记事本，记录和孩子在一起发生的事情，或者发现的问题、产生的困惑。经常记录的过程，其实就是一个简单的反省自己的过程。

19. 平时在家里，父母和孩子尽量保持一种平等的地位，遇事要征求孩子的意见。

20. 当父母在孩子的教育问题遇到困惑时可以尽量请教老师或是教育专家。

21. 家庭教育，就是父母和子女共同成长。

22. 在孩子成长的路途上，家长能做的不是替代，而是帮孩子尽早地学会适应。

23. 掌握孩子的成长规律，才能帮助孩子从儿童期到青春期的过渡时期走得平稳。

24. 适应能力的培养是多方面的，是在生活中一点一滴积累起来的。

25. 家长的教养方式，孩子的性格、习惯等都会影响孩子的适应能力。

26. 最适合孩子成长的环境才是最优的教育资源。

27. 最好的学校也会有差生，最差的学校也会有好学生。

28. 创造力的培养，需要从孩子的质疑能力开始。

29. 引导孩子提出问题并去寻求答案，能让孩子变得勤于思考，富于创造。

30. 爱是生命的源泉，也是生命的支柱。

31. 父母无"上岗证"，更需要终身学习。

32. 孩子每一个成长的脚印都浸透了父母的心血。

33. 爱心和责任感的培养要渗透到日常生活的点滴之中。

34. 饲养适合孩子年龄段的宠物能培养孩子的爱心与责任感。

35. 快乐的童年，将对孩子的成长产生积极的作用。

36. 习惯的养成与改变都不是一朝一夕的事情。

37. 换位思考是父母与孩子拉近距离的捷径。

38. 在孩子面前说话既要有原则，还要有技巧。

39. 尊重、宽容和理解是走进孩子心灵的三块敲门砖。

40. "独乐乐不如众乐乐"，与人分享能让快乐加倍。

41. 快乐总是与人的其他素质共存，它是有品味之分的。

42. 学习活动中只要进行有意识的锻炼，掌握记忆规律和方法，就能改善和提高记忆力。

43. 造成亲子沟通障碍的原因往往是家长自身不当的言行举止和教育方法。

44. 学会倾听是增进亲子交流的第一步，也是最重要的一步。

45. 不良少年不是天生的，多数是后天成长环境造成的。

46. 父亲在家庭教育中的作用是母亲所不能取代的。

47.父亲的一举一动都在潜移默化地影响着自己的孩子，对孩子的成长有着独特的作用。

48.一个好的家长，除了关注孩子的家庭生活以外，还要多了解孩子的学校生活。

49.父母的一举一动都对孩子有潜移默化的影响。

50.家庭教育的任务，首先是父母教育、父母学习。

51.没有不好的孩子，只有不幸的孩子。他们受到了不幸的教育。

52.孩子都是为希望而活着的，一个让孩子看不到希望的家庭，是没有希望的家庭；一个让孩子看不到希望的学校，是没有希望的学校；一个让孩子看不到希望的民族，是没有希望的民族。

53.每个孩子都想成为好孩子，就像每棵庄稼都渴望成长一样。

54.人的命运无法改变，唯一可以改变的是对命运的态度；人一旦对命运的态度彻底改变，命运必将产生巨变。

55.心态改变一切，性格决定命运。凡事发生往好处想的人，才会有好心态、好性格。

56.家长只问分数高不高，不管孩子心情糟不糟；恰似农民种庄稼，只问庄稼高不高，不管叶子黄不黄。

57.一句话，一盏灯，也许改变人一生。

58.了解一滴海水，就是了解大海的前奏；了解一个孩子，就是了解生命的前奏。

59.好思维，好人生，凡事发生往好处想，换种目光看世界。

60.生命如此脆弱，多么渴望得到欣赏，从中获得安全感，生命的潜能才会像火山一样迸发出来。

61. 人性中最本质的需求就是渴望得到赏识。就无形生命而言，每个幼小的生命仿佛都是为得到赏识而来到人世间的。

62. 哪怕天下所有的人都看不起你的孩子，做父母的都应饱含热泪地赏识你的孩子，拥抱你的孩子，亲吻你的孩子，赞美你的孩子，为你创造的生命——这个万物之灵，而永远骄傲！

63. 富——富不过三代，穷——不能穷了孩子。也许在不久的将来，中国将会出现这样一种现象：富人的孩子为穷人的孩子打工。原因就在于孩子的家庭教育。

64. 如果我们的教育是用今天的思想，学昨天的知识，来面对未来的社会，难免使我们的孩子将来会像堂吉诃德一样去大战风车。

65. 不是好孩子需要赏识，而是赏识使他们变得越来越好；不是坏孩子该遭抱怨，而是抱怨使他们变得越来越糟。

66. 教育的最大奥秘是让孩子觉醒，任何生命觉醒的力量都是排山倒海，势不可当的。

67. 人类教育分两种心态：花苞心态——以教婴儿学说话，学走路为代表，特点是把弱点当花苞来呵护；功利心态——以戒尺教育为代表，特点是跟花苞（孩子暂时的弱点）过不去。效果截然相反，前者是把教育的快乐极大化，后者是把教育的痛苦极大化。

68. 生命之花——在赏识中开放，在抱怨中枯萎。

69. 上帝给了天下父母一份最珍贵的礼物——孩子，像一台最高级的电脑，可惜没有说明书。

70. 让孩子在感动中成长，他们的明天会更灿烂。

71. 赏识教育的目标是让孩子与己和，与人和，与天地万物和。

72.学会感恩，快乐终身；感恩充电，抱怨放电。

73.让父母在激动和享受中教，让孩子在欢乐和入迷中学。

74.孩子是在妈妈嘴里长大的，妈妈怎么唠叨，孩子就会变成什么样的人。

75.有成长就有烦恼。做父母的最大责任，就是帮孩子化解千千结。

76.我们好久好久没有夸我们孩子聪明、漂亮了——这正是每个孩子心灵深处最强烈的需求啊！小时候他们都是在这种赞美中欢快地成长的。

77.陶行知先生早在半个世纪之前就深刻指出：教育孩子的全部奥秘在于相信孩子，解放孩子。

78.不能开发每个孩子的潜能，都是教育的失职和人类自身的悲剧。

79.我们不要太看重成绩、成功，我们真正要看重的是成长；成绩、成功是快乐成长的副产品。

80.孩子的成长，犹如跑道和战场，父母应该为他们多喊"加油"，高呼"冲啊"；哪怕他们一千次跌倒，也要坚信他们一千零一次能站起来。

81.科学的成才观，不是以牺牲孩子的童年为代价，而是给孩子一个更加美好和难忘的童年。孩子的心灵处于舒展还是压抑状态，才是教育成败的关键。

82.赏识教育的特点是，注重孩子的优点和长处——小题大做，无限夸张，形成燎原之势，让孩子充满自信，在"我是好孩子"的心态中觉醒。抱怨教育的特点是，一味指责孩子的弱点和短处——小题大做，无限上纲，导致恶性循环，使孩子自暴自弃，在"我是坏孩子"的状态中沉沦。

83. 教育本应满足孩子的求知欲和好奇心，而许多父母和老师恰恰破坏了孩子的求知欲和好奇心。

84. 赏识教育不仅是一个教育命题，而且更是一个社会命题、哲学命题，因为赏识的最根本问题是解决人与人的关系问题。

85. 中国的父母太爱孩子了，但是太不会爱孩子了；不懂孩子的爱，往往会变成害。

86. 赏识教育是教孩子学说话、学走路的教育；是承认差异，允许失败，符合生命成长规律的教育。

87. 失败是每个人必须面对的人生课题，而孩子如何面对，反映了家长的心态。越是宽松的成长环境，孩子越不怕失败；越是苛刻的成长环境，孩子越怕失败。

88. 中国孩子不是没有挫折，而是挫折错位：应该给的物质上的挫折太少，不该给的精神上的挫折太多。

89. 你的孩子其实并不是你的，他们是生命之火的儿女；他们通过你来到人间，并不是你的化身；他们整天与你相伴，请你牢记，他们永远不属于你！

90. 现在独生子女的家长，仿佛一夜之间都成了拔苗助长的农民——你拔俺也拔，看谁拔得高！不忍心不拔，不忍心自己的庄稼输在起跑线上。我们要不怕孩子输在起跑线上，不让孩子输在终点线上。

91. 中国家长总是担心孩子骄傲，担心了几千年，却从来不担心孩子自卑；我们总在防止孩子翘尾巴，其实孩子夹着尾巴做人更可悲。

92. 我们整天愁眉苦脸，孩子哪有好心情呢？我们冷漠，孩子怎么热情？我们消极，孩子怎么积极？我们悲观，孩子怎么乐观？

93.中华民族一直是一个羞于表达的民族。一个羞于表达的民族，在心理上一定存在着深深的内敛和含蓄。心中的爱，要说出来。

94.家长最大的错误，就是不让孩子出错；造成孩子最大的缺点，就是不能充分认识自己的优点。

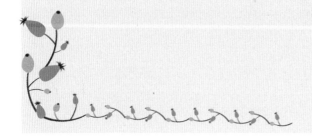